讀錢記

Coin & History

誰把歷史藏在錢幣裡

韓晗——著

「讀錢」的趣味——《讀錢記》代序

肖靜芳*

作為「讀錢記」這個專欄的責任編輯，承蒙作者韓晗與該書簡體中文版責任編輯楊柏偉先生的信任，為《讀錢記》一書寫序，我從未為別人的書寫過序，但這次盛情難卻，也深覺榮幸，畢竟作為「讀錢記」專欄的見證者，於是決定在這裡寫幾句話，以作對該書付梓的祝福。

與韓晗相識於三年前，當時他在《中國民族》雜誌開專欄「民族風」，寫了不少旅行遊記，讀了當中的幾篇文章，覺得他少年老成，也頗有見識，於是就想把這個專欄作者爭取過來。《中國民族報》與《中國民族》同屬中國國家民委主管主辦的機關刊物，找到韓晗並不費力，我要到了他的聯繫方式，問他願不願意在《中國民族報》上寫幾篇文章，他欣然應允。

「讀錢記」是他為我們寫了幾篇文章之後才開始寫作的一個專欄，沒想到這個專欄一寫就一發不可收拾，寫了近兩年，每期千餘字，終成洋洋十幾萬字大作。從秦始皇寫到孫中山，成為了一部另類視角的「上下五千年」，二〇一三年，這個專欄被評為「中國報紙副刊年度優秀專欄」，消息傳到報社，我們都很高興，同時又覺得這是情理之中的。

近兩年裡，我每週都能收到韓晗傳來的稿件，有時在越南，有時在哈爾濱，其中還有半年在美國。他四處奔波，事情不少，但專欄卻從未耽誤，而且每一篇稿子都「保質保量」，既不用我催促，又不用我多做修改。我從事編輯工作十多年來，還從未感到如此省心。

與此同時，這兩年裡，編輯「讀錢記」也成為了我的一種生活方式。在整個過程中，我深深感受到了「讀錢」的趣味所在，也大大拓寬了我自身的知識視野。

韓晗告訴我，他自幼喜歡「讀錢」，這是他的愛好。「讀錢」連帶著讀書、讀史、讀人，這是「讀錢記」背後的寫作邏輯。一枚小小的古錢，卻可以承載著綿延幾千年的民族史，可見韓晗的眼光是獨到的，他用一種通俗易懂、別具一格的形式，揭示了中國社會、民族與歷史的發展變遷規律，這無疑是一件有趣味的事情。

「讀錢記」陸續發表後，我不斷聽到周圍讀者的回饋與好評。許多從事民族文化研究的朋友一直在追看這個行文活潑、言簡意長的專欄，他們認為這是一種趣味盎然的「讀錢」形式。與古玩鑒定不同，「讀錢記」並不拘泥於古錢的真假，而是從其厚薄程度、鑄造方式，乃至紋飾字體，來解讀當時中央政權與周圍少數民族之間的複雜聯繫。中國是一個多民族的統一國家，如何闡述民族與國家的歷史淵源，「讀錢記」給了我們一個滿意的答案。知悉韓晗的《讀錢記》將由上海書店出版社出版，我很欣慰。韓晗告訴我，這是他將「讀錢記」專欄進行修訂整理之後的成果，可以說是「讀錢記」這個專欄的「升級版」，相信會讓關注「讀錢記」的讀者們有了更多的期盼。

匆匆寫了許多，權作一篇短序。俗話說，好書序短。我想，這既是對《讀錢記》這本書的希望，也算是對「讀錢記」這個專欄的一個獨特總結吧。

*肖靜芳，《中國民族報》「文化週刊」主編、「讀錢記」專欄責任編輯。

**本篇為簡體中文版原序。

作者的話

（一）

「讀錢記」這個專欄之所以能「開欄」，乃是與我研究古錢的啟蒙老師，已故湖北文物界老前輩鄭海波先生有關。

我八歲時，罹患病毒性心肌炎，死裡逃生，不得已休學五年。第一年，我路過黃石文物公司，鄭海波先生當時任經理。在裡面躲雨的我一下子對鄭先生正在把玩的古幣產生了興趣。他讓我坐下，問了我一些簡單的歷史問題，好在我從小讀過一些這方面的「小人書」，也都能基本上答的上來。當時鄭先生向家父表態：這個徒弟我收下了。

四年裡，黃石文物公司是我的學校，我幾乎每天去「上學」，與鄭先生聊古錢，談歷史。鄭先生不厭其煩，一點點向我這個八歲的幼童開蒙講授，並贈我一些與歷史、民俗有關的書籍，囑我讀完之後向他報告感想。小學畢業時，我揣著滿肚子的古錢知識，順利地升入初中。

後來，我外出他鄉求學十餘載，從成都、武漢、北京到美國。期間返鄉時，偶然有幸在路上遇到鄭先生，他也關心我的近況，得知我一直在求學，並出了一些書，總勉勵我在文史哲研究的路子上走下去。但由於我每次回家居留的時間都很短，與鄭先生晤面也極匆匆，從未再有過當年的親炙。

去年初，回湖北參加政協會議時，遇到當地文物界一位老前輩，當我問及鄭海波先生近況時，他忽然黯然神傷：「鄭先生已經過世了」。

我當時愣住了，一句話也沒有說。二十年前的記憶，又重新浮現在腦海裡。先生生前時沒有機會讀到我寫的任何一本書，這是我一生中難以彌補的遺憾。我當時就做出了一個決定：我一定要以先生最熟悉的文字，向這位引導我走向文史哲研究之路的前輩致敬。

不經意間，我就把這一想法告訴了我的朋友、《中國民族報》的編輯肖靜芳女士，肖女士立即拍板同意，答應為我在《中國民族報》上開設一個專欄，名字就叫「讀錢記」。

這大概是「讀錢記」產生的初衷。

（二）

但是這本書，卻是獻給吾妻張萱與女兒韓識遠的。

「讀錢記」剛開始連載時，女兒韓識遠剛出生。而我也是剛剛才從武漢大學獲得博士學位，趕緊去中國科學院報到，剛剛在中科院安頓半年，我和妻子又共同接到美國北卡大學廟嶺分校（UNC at Chapel Hill）亞洲學系的邀請，來美國做訪問學者。

這個專欄的每一篇文章，都見證了女兒的成長，也見證了我們的足跡。從武漢、北京的寓所，到西貢的酒店，再到冰天雪地的哈爾濱，特別是我們在美國的這段時間，「讀錢記」幾乎成為了我們生活的見證。

我們住在一個叫做Sunstone的公寓裡，靠近廟嶺地區的主幹道佛蘭克林路（Franklin Street）。對於我們這些目迷五色的人來說，北卡州是一個令人覺得乏善可陳的地方。所以，除了相關的研究與旅行之外，寫作成為了我打發時間的一個重要方式。

長期寫關於學術的東西，腦子會壞掉，特別是還有更加枯燥的英文寫作。所以，「讀錢記」也是我學術寫作之餘的另一種調劑。在寫作「讀錢記」的一路，也見證了妻子的陪伴。她總為我找到新史料、新線索而高興，也為我在簡陋的「書齋」裡寫完每一篇文章而歡欣鼓舞。

因為有了這樣溫暖的陪伴，所以在美國的這些歲月裡，並不覺得太枯燥。相反，在客居Sunstone公寓的日常生活裡，還有不少值得回憶的溫馨片段。

將專欄整理成書，也是妻子在美國時的建議。她認為，應該將我這童年的記憶，留給我們女兒這一代人。對於中國社會的人文滑坡問題，我們有著同樣的隱憂。只是她比我要更加擔憂下一代人的人文素養。她認為，女兒那一代人，恐怕真的是生活在「讀屏」時代了，「讀錢」這種沉浸在歷史當中的人文情趣，到了我們下一代的童年，或許已經成為了奢望。

所以，妻子希望《讀錢記》能夠整理出版，為女兒那一代人瞭解中國歷史與民族提供一冊入門的基礎讀物。

感謝上海書店出版社的楊柏偉先生，是你的信任與督促，讓《讀錢記》能夠看起來更像一本書的模樣。

（三）

最後，感謝一切有機緣讀到這本書的朋友們。

從一枚枚的古錢來反觀中國歷史的五千年變局與民族大融合，這樣的散文在中國文學史上是從未有過的，開欄之後我才知道，自己自不量力，找硬骨頭啃，明知自己才疏學淺，還要耍弄這樣的大鼎。

只是後來沒有想到的是，「讀錢記」開欄後，反響極好。不但被中國社會科學院主管的「中國社會科學網」同步連載，而且還在全國幾百種專欄中脫穎而出，斬獲了中國專欄最高獎——「全國年度優秀副刊專欄」獎，值得一提的是，這次獲獎被敝所艾素珍教授收入進了《中國科學技術史二〇一四年紀事》。

此外，我的幾位師友如著名歷史學家譚繼和老人、文物鑒定家賈文忠先生、四川華西醫院廖志林先生、香港科技大學劉劍梅教授、中國民族博物館副館長鄭茜女士、美國紐約華人電視臺主播朱甜女士、湖北省紀委宣傳處處長金頌先生、香港浸會大學黃蕉風博士以及楊攀、陶立早、陳瀾與王琨等武大的博士同窗，也時常在微博、微信上轉載、評論「讀錢記」裡一篇篇的文章，使我深受鼓舞。

記得剛到美國時，在合作導師魏若冰（Robin Visser）教授的府上幸遇亞洲學系前系主任樂鋼教授，他是國際知名的中國民族學者。當我提到「讀錢記」這個專欄時，樂鋼教授表示出了很大的興趣。而上海書店出版社的副總編輯楊柏偉先生與臺灣秀威資訊科技股份公司總經理宋政坤先生、副總編輯蔡登山先生與責任編輯杜國維先生在讀過這些小文章之後，拍板決定將這些文章結集，並在陸臺兩地同時出版發行，這些都是我當時始料不及的。

二〇一五年，我將「讀錢記」部分章節選登在自己的Facebook主頁上，受到了耶魯大學東亞語文系講座教授孫康宜女士、臺灣中央大學孫玫教授、臺灣中山大學王璦玲教授、美國新澤西學院米佳燕教授等知名學者的關注與好評，孫康宜老師為每篇文章都寫了點評語，實在使我相當感動。中國知名微信平臺「歷史大學堂」的編輯歐陽先生則將整個專欄進行了轉載，關注度喜人，總閱讀量竟超過百萬次。「讀錢記」在自媒體當道的時代竟然可以有這樣不錯的反響，這在文史哲知識普遍低迷的當下，非常令人振奮。

當然，也有不少批評的聲音，甚至有些聲音還很尖銳、猛烈。在一個電子媒介為先導的「Big Data」時代裡，這種談論歷史而無關風月的文字，並不會讓所有的人都感興趣。但無論是批評還是支持，都是我創作的動力，我真心地向諸位致謝。

值得一提的是，就在本書即將寫完的二〇一四年夏天，家鄉《東楚晚報》的劉會剛先生邀請我，將「讀錢記」放到《東楚晚報》上轉載。我欣然同意。二十年前一位老者指導一個孩童在黃石的讀書記憶，竟最終還是以文字的形式從北京回到了家鄉，接受鄉梓賢達們的檢閱與考察，這是往復輪迴的緣分，也是不期而遇的榮幸。

海波先生魂歸道山已兩年有餘，昔日的黃石文物公司也成為了今日的一家大型商場旁的停車場，物非人非，滄海桑田。但我相信，一代代讀書人的求知精神會一直延續，叩問歷史、研讀經典的朗朗書聲，也會生生不息。

二〇一四年七月二十六日～八月三十日

於美國北卡廟嶺Sunstone公寓

二〇一五年十一月十二日

改定於宜昌寓所

*本篇為作者為繁體中文版所寫。

目次

天下千鈞我半兩

半兩錢

「半兩」是秦代鑄錢的名字，也是中國歷史上第一次統一使用的流通貨幣。半兩等於十二銖，銖是當時最小的重量單位，成語「錙銖必較」、「銖積寸累」就是形容「銖」的輕微之處。因此，「半兩」也是當時最小的流通貨幣單位，猶如今日的「一分錢」。

我們知道，秦代戡平了春秋戰國時期的大亂，建立了一個統一的多民族國家。春秋戰國時代，雖然沒有近代「少數民族」這個概念，但中原諸國的統治者逐漸認識到了自身和邊疆少數民族的差異，在他們看來，中原土地肥沃、人口繁盛，而周邊的少數民族地區則氣候嚴酷、物產稀少。

用當下的眼光看，「東夷西戎，南蠻北狄」這八個字無疑具備對其他民族的侮辱性，但這也從另一個側面反映出了當時樸素、原始的民族觀。中原地區的統治者態度若此，周邊少數民族更難以獲得文化交流、經濟互市的機會了。

與中原諸國相比，秦國地處西北，與西部、北部的少數民族交往頗多，因此秦國歷代君王並不歧視周邊少數民族，相反，他們非常重視西北邊陲的陸路出口，並且嘗試著與中亞、西亞地區的國家、民族進行文化交流。秦國的歷史很短，絲綢之路與出使西域的歷史重任根本沒有辦法實現，最終落到了漢朝皇帝的身上，這是後話。

但秦統一六國之後，對於文字、車軌、度量衡與幣制統一，則昭示了其懷柔天下、全國一盤棋的發展政策。我個人認為，在這「四大統一」當中，最重要的統一乃是幣制的統一，這意味著秦始皇對於全國這個開放性市場的重視，並且大大地繁榮了周邊少數民族地區的經濟。簡而言之，畢竟經濟基礎決定上層建築，貨幣統一才是惠及天下的利民政策。

現在許多研究經濟史的學者認為，漢代所呈現出的大繁榮，與文、武兩帝的「休養生息」、「重農抑商」的政策有關。而我卻認為，研究歷史不可忽視其延續性，「文景之治」的實現與秦代幣制統一有著密不可分的聯繫。秦代在全國性範圍內建立起了統一、有序的貨幣秩序與市場文化，漢代乃是對這一秩序與文化的繼承——譬如漢代所推行的「五銖錢」在本質上是對「秦半兩」這一貨幣制度的發揚與肯定。

在秦漢時代，少數民族與漢族的交流最為頻繁。既有戰爭，也有和親，既有互市，也有出使，和東周列國處理少數民族的關係有著雲泥之判，這與撒遍全國的「秦半兩」密不可分。在春秋戰國時期，中原小國的幣制極其混亂，有刀幣、鏟幣等幾十種，僅一個齊國就有上十種幣制，而在邊疆少數民族地區，甚至還有「以物易物」、「以人易貨」的奴隸制交易。毋庸置疑，唯有當經濟發展的政策打破民族、文化的壁壘之後，人類才可以共同地進入到文明世界。

因此，當下仍需反思「秦半兩」的意義與價值：對於少數民族地區的扶持，其中一個最重要的因素就是促使其融入全球化的現代市場，這是鼓勵其堅守自身文化的前提。在這個進程當中，或許會有一些少數民族感受到強烈的競爭壓力，但長遠地看，這不但對其經濟繁榮有利，也有助於其文化發展。

說到底，這就是要「輸血」還是要「造血」的問題。在一個「世界性」的年代裡，「民族性」並不能成為抗拒全球化的擋箭牌。相反，「民族性」何以融入全球的市場，形成自身的文化、經濟優勢，並找準自己的國際定位，才是少數民族在今後獲得發展後勁的關鍵。抱殘守缺、「等靠要」都不利於少數民族長期、穩定的發展，只有積極地融入「全球一盤棋」的大格局與具備「一起切蛋糕」的勇氣，才可以獲得長遠的發展空間。

據說，銅錢上的「半兩」二字是秦朝丞相李斯的書法，而「天圓地方」的「孔方兄」格局也是由「秦半兩」開了先河。法家代表人物李斯是主張民族融合的，「天圓地方」則預示了當時中國人最為簡單的世界觀，意味著普天之下可以一起發展，事實上「秦半兩」確實也收穫到了當時秦始皇與李斯想要的結果。今日重新反思這段歷史，對於當下民族政策的研究顯然大有裨益。

「天下千鈞我半兩」是清代詩人嚴我斯對秦代幣制的歷史評價，竊以為此說非常在理。「半兩」雖小，但卻有著兼濟天下、造福黎民的重要價值。就目前收藏界而言，「半兩」屬於非常多見的一種古幣，在全國範圍內都可以見到。我曾在新疆的文物市場見到過多枚出售的「半兩」，鏽少且字濁，乃由當地乾燥氣候多年風化使然。可見「半兩」在當時的西域也廣泛流通，其造福民族融合、共同繁榮的歷史之功，理應為後世所銘記。

秦始皇兵馬俑

夕陽下的秦始皇像

五銖錢

治亂盡五銖

秦代的「半兩錢」並沒有推行多久，秦朝就覆滅了。一枚半兩錢就等於是半兩（即十二銖）銀，這是一般等價物在中國的早期雛形，與先前的貝幣、布幣與刀幣相比，這是歷史上一次極大的進步。不但開創了銅鑄面值幣與貴重金屬等價的原則，更統一了全國的貨幣流動，促進了中原與周邊少數民族的共同繁榮，所以說，這是一件功德無量的事情。

前面說過，半兩等於十二銖。秦滅之後，漢代實行休養生息的政策，物價回落，國庫充盈。尤其到了漢武帝時期，糧倉裡的米多到爛掉，金庫裡的銅錢多到腐爛成銅球，成就了中國歷史上第一個盛世。儘管當時「半兩」還在沿用，但明顯由於當時通貨萎縮，「半兩」已經成了「大票子」，在這樣特殊的情況下，漢武帝下令：回收半兩錢，重鑄「五銖」——這就是中國歷史上沿用了七百餘年的「五銖錢」，它見證了從文景之治、王莽篡政、三國演義、兩晉之亂直至風雲突變的十六國時期，堪稱中國古代史中亂世與治世的見證者。

單論錢幣的重量而言，半兩與五銖差不多。但若從一般等價物的角度來看，「五銖」只相當於「半兩」一半還不到的兌換量。可見漢代以農商為主體的經濟已經達到高度繁榮的地步。而這無疑與漢代及其後來統治者科學、積極的民族政策有著密不可分的聯繫。

沿襲秦代大一統格局，漢代統治者開始將大量的精力放到了邊疆、民族事務上。對於少數民族地區的管理，漢朝君主採取三種方式。一為和親，即將宗室女、宮女嫁與少數民族首領，使得民族問題變為家庭問題，少數民族首領「自言願婿漢氏以自親」，這大大促進了邊疆的穩定與發展；二為遣使，以張騫、蘇武為代表的使臣，前往少數民族地區談判，主要目的是闡明中央政府的政策，力圖促進中原地區與邊疆地區的互市與文化交流，譬如採取「開放關市」的形式，實現中原與邊疆的經濟交往，「牛馬布野，三世無犬吠之警，黎庶無干戈之役」的結果，既是中原統治者所期望的，也是邊疆少數民族首領願意看到的局面。

另外一種就是戰爭，對於危害邊疆穩定，騷擾邊關的部分少數民族部落，漢朝統治者採取了「集中打擊，有效震懾」的策略。譬如「北擊匈奴」戰役中湧現出的名將衛青、霍去病、李廣、班超等人，成為中外戰爭史上的名將。在軍事史上，這些「抗匈名將」與屋大維、盧庫魯斯等人齊名。而且，匈奴太子金日磾還以俘虜之身，在漢朝做到了托孤大臣，《漢書》以「忠信自著，勒功上將，傳國後嗣，世名忠孝」十六字蓋棺論定，開創了少數民族人士擔任「中央高級官員」的先例。

綜合來看，自漢以後至唐六百餘年中，中原統治者對於邊疆少數民族的政策是對漢朝政策的延續。大體不過三件事：和親、遣使與戰爭。但總體來看，依然是寬厚為主。譬如諸葛亮「七擒孟獲」這一傳奇故事就證明了這個問題。在這樣的政策下，晉代繼承了漢代的政策，陸續提拔少數民族首領進入中央中樞，譬如擁戴司馬睿登基的「十臣」中，慕容廆、段匹磾等鮮卑族首領就占了七席。

由於這樣緊密的聯繫與互動，及至南北朝、十六國時期，匈奴、鮮卑、羯、羌與氐等五大北方游牧民族開始陸續進入中原，甚至開始建立屬於自己的地方政權——這構成了少數民族區域自治的先河。比起春秋戰國時期的「胡服騎射」來說，這已經是從量到質的飛越了。

在這幾百年裡，「五銖」實際上是通用貨幣。無論是大一統的「治世」漢代和西晉，還是逐鹿中原的「亂世」三國、十六國，從江南到漠北，「五銖」一直在通用。這反映了在民族大融合的七百年裡經濟指標相對穩定的局面。

後世史家時常抨擊以少數民族地方政權為主的「十六國」之亂，我們必須承認，「十六國」時期雖然戰爭不斷，但後趙的「勸課農桑誠有道」成為了後世的施政樣板；前燕興起邊境貿易，使得首都姑臧成為了「河西文化」發源地；而成漢王朝頒布的「事少役稀，百姓富實」造福了一方百姓；漢王李興敏銳發現後期「五銖」所帶來濫發貨幣的危害，改鑄的「漢興錢」替換五銖，成為了中國歷史上第一個年號錢。試問沒有這樣的耕耘、積累，何來數百年之後的「開元盛世」？

從「漢五銖」到「北魏五銖」，這枚印刻著漢篆的錢幣歷經了多次王朝更迭與地方政權的易主，但它一直在發行、沿用，見證了中國少數民族歷時數百年的第一個「黃金時代」，成為了這七百年裡中國民族融合、民族發展與民族進步的唯一見證者。

但在其後的初唐，「五銖」卻被唐高祖廢止，乃是因為它流通時間太長，造成了中國歷史第一次災難性的幣制混亂——甚至有些人將五銖「剪邊」，作為「兩銖」來使用，嚴重動搖了中央政府的貨幣信用與金融秩序。因此，宋人用「治亂盡五銖」來概括「五銖」所反映的歷史變革，誠哉斯言。

漢武帝茂陵

漢景帝陽陵

乾封泉寶

兩朝風流一錢鑒

許多人都認為，唐朝只有「開元通寶」這一種年號錢，所以每當提到「開元通寶」時，幾乎所有人都會想到氣勢萬千的盛唐氣象。

但實際並非如此，就在「開元通寶」發行後不久，由於發行量過大，竟然促進市場上短期內通貨膨脹，長安城裡許多人買日常生活用品都要拿著成袋的開元通寶銅錢往集市上去交易。沒過多久，老百姓就嫌麻煩，開始直接用黃金白銀交易，開元通寶被閒置了。

此時唐高宗已經將政權交給了武則天，武則天一方面深刻地檢省了唐高宗缺乏事先調研、結果導致濫發貨幣的嚴重後果，一方面她考慮到通過貨幣來維護自己今後的統治威信，於是她決定，下詔停止使用「開元通寶」，改用新年號「乾封」鑄錢「乾封泉寶」，以一當十。

乾封泉寶帶來了比開元通寶更壞的結果，直接導致了幣值面額過大，刺激了市場上進一步通貨膨脹。用現代經濟學的理論來看，市場上的貨幣總量並未減少，而只是貨幣的面額變大，猶如一九四九年之前國民政府以金圓券替代法幣的做法一般，非但不能緩解通貨膨脹，相反還增加了市場上的貨幣總量，僅僅幾個月的時間不到，這枚有著時代意義的銅錢就陷入「穀帛騰貴，商賈不行」的地步，八個月之後，高宗李治再度下詔，稱「採乾封之號，改鑄新錢。靜而思之，將為不可」，於是果斷廢除了「乾封泉寶」，開始推行平抑物價，改善民生的政策。

歷史往往會有這樣的巧合，就在唐朝滅亡後不久的五代十國時期，作為十國之一的楚國（今湖南省境內），也發行了「乾封泉寶」作為當地的通用貨幣。歷史記載「鑄鐵錢，圍六寸，文曰乾封泉寶，以一當十」。背後有天、策、天府、天策等字樣。馬殷算是五代十國裡的賢王之一，治理楚地時發展茶桑，井井有條，比春花秋月的李煜要有魄力許多。

現在我們看到流傳至今的「乾封泉寶」，竟以馬殷鑄造的占絕大多數，究其原因，乃是因為此幣在楚地發行量大之故。既然同為「當十」之幣，當年盛唐時全國發行的總量竟然不如區區楚地一地的發行量？為何楚國開「當十」之風並未造成經濟危機？為何「十國」其他小國發行的錢幣，今日都很難見到？

當然，很大一個原因是因為唐朝發行「乾封泉寶」持續時間較短，但馬殷卻發行了數十年，但論國土面積來看，楚國的面積僅相當於唐朝國土面積的幾十分之一。而時下我們時常能見到楚國的「乾封泉寶」，而唐代的「乾封泉寶」幾乎一枚都見不到。唐與十國不過相去兩百餘年而已，究其原因何在？

武則天畫像

筆者認為，很重要的一個原因在於馬殷治國的方略，而其中有個積極政策就是楚地能夠因地制宜，採取「楚人治楚」的英明方針，重用當地少數民族首領，推行「以茶為本」的經濟長板，短短幾年時間裡，楚地「以境內所餘之物，易天下百貨，國以富饒」。

在條件落後、物產不豐富的少數民族地區，敢於重用少數民族官員，積極選擇適應該區的經濟優勢，這是一個少數民族地區管理者的基本素質。前些年，臺灣歷史學家桂齊遜教授曾經指導過一位學生，專門寫了一篇碩士論文研究馬殷的少數民族政策對當下的意義。可見作為「十國」這個小朝代中一國的楚國，先前雖常為史家所忽略，但卻在一千年之後的今天，有著新的歷史意義。

無論是楚國還是唐代，都是中國歷史上可圈可點的王朝。王朝有大小之分，對於唐代的文韜武略，我們早已有著深入的研究，但對於馬殷的治楚國之策，卻關注明顯不足。時至今日，透過鏽跡斑斑的「乾封泉寶」，不但可以窺得金戈鐵馬的大唐氣象，對於廣興茶桑的楚國，亦有著別具一格的歷史觀照。

憶昔開元全盛日

開元通寶

「憶昔開元全盛日」是「唐朝樂隊」代表作《夢回唐朝》中的一句歌詞，最早語出杜甫的〈憶昔〉。開元是唐玄宗李隆基的年號。我們常說的「開元」就是指的年號為「開元」的李隆基執政年間。後人多半用「開元全盛日」來指代唐朝這個恢宏、壯闊、富庶的年代。

但是我們所熟知的「開元通寶」，卻與唐玄宗的開元盛世關係不大。五銖盛行七百年之後，唐高祖襲隋大業，再度統一中國。但當時五銖已經到了日積月累、混亂不堪的地步。據說，在唐初的市場上，極少數的漢五銖竟然還在流通，金融秩序大大受到了損害。

這意味著什麼呢？意味著我們現在還在用南宋的「交子」到超商裡購物——假如那張紙的品質非常好的話。但是對於一個國家的中央統治者而言，這樣混亂的幣制若不整頓，唐朝必然也會像隋朝一樣，一夜間倒臺。

因此，「開元通寶」四字大有講究，所謂「開元」，就是「開闢新紀元」，而「通寶」則是「流通的寶物」。兩個詞合起來的意思就是「開闢新紀元之後的流通寶物」。意味著在唐代，

唐高祖李淵畫像

「開元通寶」猶如秦半兩、漢五銖一樣，可以在一個新的時代流通到全國各地。

我們知道，唐代是中國歷史上一個全盛的時代。民族融合、共同發展達到歷史的空前值。當然，我們可以將這些成績認為是南北朝、十六國時期民族融合的結果。文成公主和親、與西域地區通商、北征高麗等等，不勝枚舉。事實上，大唐文化就是一個多民族的融合文化。譬如唐高祖李淵的母親、妻子都是北方少數民族，長安城裡居住著無數個不同民族的居民，而「詩聖」李白就有哈薩克族血統。

唐代的統治集團實際上是一個多民族的融合體。譬如我們熟悉的「門神」尉遲恭就是羌人，劉宏基、竇抗等人都是匈奴族出身，而丘行恭則是鮮卑人。瓦崗寨的「大肚子天王」史大奈原名「阿史那大奈」，單看名字就知道，乃不折不扣的突厥人。

事實上，「開元通寶」果然不負唐高祖的期望，從東北的高句麗、百濟到西南的驃國、吐蕃，從西北的龜茲、回鶻到波斯，到東南的澎湖、琉球，甚至日本、爪哇與星羅，都有「開元通寶」流通的影子。「流通之寶物」到達空前的頂峰，遠超越了昔日的半兩、五銖，成為了中原民族與邊疆少數民族乃至境外諸民族交流的重要工具。

唐朝重視少數民族發展，實行積極的少數民族政策。唐太宗李世民曾說：「自古皆貴中華，賤夷狄，朕獨愛之如一，故其種落依朕如父母」。由是可知，唐代主張「均衡發展、共同富裕」的民族政策是極其開明、非常有凝聚力的。時至今日，我們重新思考唐朝的民族政策，顯然有著重要的啟示意義。

早些年讀到過一篇新聞，據說在西亞某國挖掘石油時，忽然掘出古幣多枚。上面的字跡已經斑駁，偶然可以辨識。但由於當地的工人與記者均不諳幣上文字，報導竟稱這些古幣「來源於某不明國家」，一時眾說紛紜，以訛傳訛最終以為奇聞。實際上銅錢上的四個字就是「開元通寶」，出自大書法家歐陽詢的筆下。此事雖近似傳奇，但足以見

得當時民族融合、文化交流之繁盛，早已超越國界了。

因此，「開元通寶」是整個唐代「大盛世」的見證，也是當時多民族共同發展的見證。現在「開元通寶」依然是市場上最不值錢的古幣之一，原因在於它發行時間長、分布地域廣、發行量大。甚至在西亞一帶都可以作為通貨使用，可見「開元通寶」在當時的亞洲幾乎成為了猶如今日歐元的地區通用貨幣。

從這個角度來看，唯有大一統的多民族國家才能做到這一點，而這又依賴於唐代有別於先前諸朝代的民族政策與「五胡十六國」的民族大融合。今日的「開元通寶」，雖然已經鏽跡斑斑，但我們仍能感受其厚重的手感，而這無疑與三百年的大唐盛景有著無法割裂的聯繫。

金人趙霖所繪昭陵六駿之一（絹本設色，原作藏於北京故宮博物院）

太平通寶

太平之後，不再太平

唐代之後的「五代十國」堪稱中國歷史上少有的亂局，都說亂世出英雄，出身後周將領的宋太祖就是其中之一。陳橋兵變，統兵千人的禁衛軍「都點檢」轉眼間黃袍加身成了皇帝，所以他特別珍惜這個來之不易的政權。

通過對五代十國民族大遷徙與唐覆滅的經驗教訓的吸收與總結，宋太祖發現，中原政權的盛衰，與邊疆少數民族關係的好壞相映對。因此，宋太祖在建政之初，特別注意對西北民族政策進行調整。主張以「懷柔」為主，提出「不急於邊疆之功，以愛民安人為上急而已」的觀點。重用少數民族黨項拓跋氏家族，繼續冊封其為「定難節度使」，以維護西北地方的安寧，甚至還要求「所部州縣筦榷之利悉與之，資其回圖貿易，免所過徵稅」。種種惠及少數民族的定邊良策，為新政權的發展提供了一個相對穩定、和諧的空間。

宋太宗繼位後，對邊疆少數民族的態度急劇轉彎，從懷柔之策變成了靠戰爭解決問題。他竟然在大庭廣眾之下宣稱「戎心反復，蓋其常爾」，甚至將少數民族「以禽獸畜之」，這樣帶有民族歧視的荒謬觀點出自於一位中原政權的皇帝之口，其民族政策亦可想而知。

果不其然，西北少數民族在這種歧視與壓迫下紛紛舉義造反。甚至一向與宋朝關係不錯的黨項拓跋氏家族也與宋太宗反目為仇，自立「西夏」王國。在拓跋氏的帶動下，其餘的少數民族紛紛選擇了「脫宋」而自立門戶。一時間，西北邊陲狼煙四起，宋太祖苦心經營多年的邊疆穩定局面，結果一朝毀於宋太宗這個庸君之手。

宋太宗為了表示出自己與太祖的不同，遂改國號為「太平興國」，並鑄造了宋代第一枚年號錢「太平通寶」。意圖以新政來建立一番功業。結果新政頒布，功業卻差之千里。在「太平」年間，宋太宗發動了好幾場大大小小與少數民族的戰爭，北擊西夏（今寧夏），南打交州（今越南），但如白馬嶺戰爭、滿城之戰與白藤江之戰等等，不但宋王朝沒有撈到半點便宜，相反那些曾經歸屬宋朝的少數民族政權紛紛獨立，在戰爭中希達里、侯仁寶等名將也先後捐軀——縱然有楊業的雁門關大捷，也無法扭轉至此以後，宋朝將處於「少數民族政權大包圍」的局面當中。

果不其然，「太平」之後，宋代陷入內憂外患之境。從王安石變法開始，如何對待邊疆少數民族的政策爭議在朝野中始終沒有統一意見，是繳納歲幣還是戰爭？是割地求和還是拼死一戰？大家誰也下不了定論，最終形成了導致北宋滅亡的「黨爭」，而少數民族地區又多次自立政權：遼、金、西夏、南詔、大理……不勝枚舉，使中央政府處於如此錯綜複雜的被動局面，以至於宋徽宗、宋欽宗被金軍俘虜，直接導致北宋亡國，宋太宗應負不可推卸的歷史責任。

因此，「太平興國」鑄造的「太平通寶」，竟然預示著「太平」與「興國」均成為了大宋王朝不可實現的夢想。北方的少數民族借此強盛起來，使得元、清兩朝均為北方少數民族入主中原的政權，這在歷史上是從未有過的。但從大歷史的角度來，宋太宗的昏聵之舉，又為北宋之後的民族大融合提供了政策上的空間。

「太平」是中國歷代封建王朝統治者的夢想，也是中國人念茲在茲的願望。「亂離人，不及太平犬」讓所有中國人都恐懼戰爭，害怕背井離鄉、妻離子散。但中國的歷史、文化與社會決定了：「太平」的前提就是民族問題。如果一朝統治者無法將民族問題和諧、有效地進行解決，那麼「太平」終將是一張空頭支票。

值得一提的是，清末小刀會首領劉麗川也曾在上海鑄造過「太平通寶」的錢幣，但由於小刀會影響有限，這些錢幣現在也尋不著蹤影。劉麗川本人是中醫出身，不諳謀略，更不懂治國，所以小刀會也不過是歷史長河裡飛過的一隻孤鴻而已。而近年來又有一家網路銀行，竟也給自己命名為「太平通寶」，當然此四字與宋太宗的「太平通寶」可謂相差千里，但可見「太平」二字從北宋至今，始終深入人心，未曾有所遺忘。

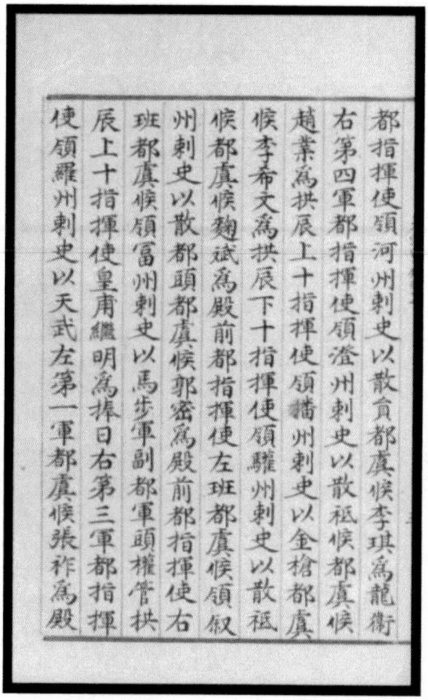

都指揮使領河州刺史以散貟都虞候李琪爲龍衛
右第四軍都指揮使領滄州刺史以散祗候都虞候
趙業爲拱辰上十指揮使領播州刺史以金槍都虞
候李希文爲拱辰下十指揮使領離州刺史以散祗
候都虞候麴斌爲殿前都指揮使左班都虞候領叙
州刺史以散都頭都虞候郭密爲殿前都指揮使右
班都虞候領富州刺史以馬步軍副都軍頭權管拱
辰上十指揮使皇甫繼明爲捧日右第三軍都指揮
使領羅州刺史以天武左第一軍都虞候張祚爲殿

《宋太宗皇帝實錄》

大陸出版的連環畫《小刀會》，上海美術出版社，1974年

祥元通寶

澶淵之盟與天降祥符

從歷史的角度講，宋代是一個不太好評價的王朝。在中國歷代王朝中，像宋代這樣窩囊的，不多；但從文化的角度看，宋代又是一個相當不錯的王朝。瘦金書、清明上河圖、宋詞，凡此種種了不起的文化創造，皆在宋代呈現，就連平庸無能的宋真宗，都吟出了「書中自有黃金屋，書中自有顏如玉」的千古名句。西方歷史學家認為「國家愈強大，文化愈發達」，這條定律在有宋一朝，不攻自破。

史家公認，宋太宗執政幾年，雖亮出「太平興國」的年號，但外患使其不太平，內憂又難以興國，駕崩前幾年，宋王朝幾乎到了江河日下、氣數將盡的歲月。宋真宗即位之後，以新近崛起的遼國為代表的北部少數民族政權，開始盤算對內地進行反攻，期望有朝一日能顛覆宋王朝，進而入主中原。

宋太宗時「楊家將」在抵禦北方侵略時，確實扮演著頗為重要的角色。在太宗駕崩前，曾一度命令潘美、楊業帶兵北伐，史稱「雍熙北伐」，結果反倒是讓楊業被俘身亡。自此之後，遼國獲得中原以北的實際統治權。這樣的打擊讓宋真宗畏遼如虎，執政之初，就定下基調：在澶淵一地（今河南省濮陽）與遼修和，簽訂「澶淵之盟」。

這種「修和」事實上是「花錢買太平」的策略。每年中央政府向遼國政權繳納「歲幣」，並認遼國蕭太后為「叔母」。這樣的城下之盟在中國歷朝歷代的統治者看來，皆屬最為恥辱之事，但宋真宗卻不這樣認為，「澶淵之盟」簽訂後，宋真宗以為真的可以高枕無憂、安享太平了。但「澶淵之盟」確實太恥辱，讓宋王朝為千夫所指，連宋真宗都不好意思用任何理由來粉飾太平。於是，在另一位宰相王欽若的策應下，宋真宗開始了他一生中「最光輝」的政治把戲。

某日上朝時，宋真宗忽然告訴群臣。幾個月前，他曾做了一個夢，夢見一個神人告訴他「一月三日，應在正殿建黃籙道場，到時會降天書《大中祥符》三篇，勿洩天機！」一語畢，滿朝文武譁然。這時，忽然有太監跑進皇宮，稱果然在道場上看到天書，此乃天佑明君的祥兆。於是，宋真宗竟改年號為「大中祥符」，發行貨幣「祥符元寶」——錢幣上的「祥符元寶」四字，便出自宋真宗之手。

在一個封建王朝裡，皇帝的新衣是不會有人揭穿的。借神鬼之言粉飾太平，已然是無恥之尤，然而將這種虛妄的假話作為年號，公開在貨幣上刻印，而且皇帝還親手題詞，更是世所罕見。這種事情恐怕古往今來只有宋真宗做得到。

「澶淵之盟」簽訂之後，宋王朝遂一蹶不振，但與此同時，遼國也開始走下坡路，這是許多歷史學家感到好奇的一點。其實原因很簡單，在修和之前，兩國處於時戰時和的狀態，

宋真宗像

不斷在摩擦中獲得競爭與文化、經濟上的碰撞，而且使得遼國不斷與北方其他少數民族政權合作、交流，使得整個中原以北呈現出一片欣欣向榮的局面。從歷史上來看，這是一種良性的民族互動，促進了雙方的共同發展。

而「繳納歲幣」則是一種「輸血」，遼國的統治者不再想方設法改善民生、發展經濟，甚至除了每年到雄州拿一筆錢然後拍屁股走人之外，不再與宋王朝來往。俗話說，閒錢養懶人。這句話放到歷史上來看，也不無道理。遼國用這種短見的手段，終結掉了自己的政權的壽命。

而宋朝「花錢買太平」的想法也沒有真正地獲得實現。不久後，遼國走向覆亡的同時，另一個北方少數民族政權金國崛起了。事實上我們看到，「澶淵之盟」作為一針麻醉藥，不但迷惑了宋王朝，也讓遼國昏昏欲睡，最終成全的則是金戈鐵馬、氣吞萬里的金國，這是在天降「大中祥符」上做美夢的宋真宗萬萬沒有想到的。

景祐元寶

格薩爾王與景祐元寶

一個是藏族民間史詩中的英雄人物，一個是宋仁宗時期所發行的銅鑄幣。兩者看似風馬牛不相及，何以能扯到一起？

格薩爾王的名氣很大，我相信沒有多少人讀過《格薩爾王傳》，但大家對於這個名字必然不陌生。畢竟近年來少數民族題材的文學作品異常火爆，許多網路作家都將這本書渲染為與探寶、預言相聯繫的天書。以至於很多年輕人都認為，所謂格薩爾王乃是藏族文化中一位神祕的、難以被瞭解的神話人物，猶如充滿符號密碼的仙界中人。但事實上，格薩爾王是有原型的，他最重要的原型之一就是一個叫「唃廝囉」的吐蕃賢王。

唃廝囉生活在北宋初年，他管理的部落是吐蕃各大部落中勢力最強大的一支，在吐蕃部族中享有較高威望。適逢西夏剛剛崛起，宋王朝恐懼整個西部地區都為少數民族政權所分別控制並與自己為敵，於是試圖向唃廝囉的部落示好，希望他能與北宋王朝修好。

我一直認為，宋太宗搞民族政策水準相當之臭，但與唃廝囉和談這一步棋卻是無比正確的。建政之初，宋王朝就封唃廝囉為「寧遠大將軍」，以期望中央政權與之交好，雙方不再大動干

西藏自治區拉薩市曾是昔日格薩爾王的屬地。雄偉的布達拉宮，見證了藏族深厚的文化底蘊

戈。當然這也與唃廝囉這位毫無疑義的賢王密不可分。他通過對於局勢審時度勢的分析之後，認為自身根本沒有必要摻和到契丹、西夏的「無義戰」當中。對於地處雪域高原的吐蕃政權來講，如何發展自身民族經濟，讓人民過上好日子才是正道。在這樣的指導思想下，唃廝囉一直選擇與宋「和好」的策略。

到了宋仁宗景祐年間，在唃廝囉的號召下，吐蕃部落開始大規模與中原地區「互市」。這個互市是有劃時代意義的——中央政權給吐蕃政權提供茶葉、絲綢物品以供交易。而北宋政權則從吐蕃部落購買大量馬匹。「招募蕃商，廣募良馬」成為了當時北宋與吐蕃的重要

格薩爾王雕像

經濟交往方式。

唃廝囉的政策不但使得吐蕃民族獲得了發展，更給北宋與吐蕃民間的商人帶來了豐厚的利潤與好處。北宋政府為了感念唃廝囉的協助，也專門在「茶馬古道」上設置供商人休息、補給的驛站，並按照民族習俗，給吐蕃商人修建了專門的房屋與倉庫。因此無論是中原旅客還是吐蕃商人，都熱情地稱這種驛站為「唃家位」，目的是感念唃廝囉這位了不起的賢王。

景祐是中原王朝歷史中一個幾乎微不足道的年號，但對於吐蕃政權來說，卻是歷史轉捩點，在唃廝囉的帶領下，吐蕃各部落很快強盛起來。甚至西夏皇帝主動向唃廝囉派來使者，並將公主嫁給喇廝囉的小兒子董氈；一向看不起喇廝囉的回鶻政權，亦主動請求與喇廝囉聯姻；連遠隔千里的契丹，也懇請與喇廝囉合作，並將契丹公主送來配與董氈為妾。但是，喇廝囉仍然沒有居大自傲，而是仍然對宋王朝納貢修好。這種外交戰略使得日漸強大的吐蕃政權不但贏得了周圍各民族政權的正視與尊敬，並逐漸形成了自身的文化特徵，為今日的藏族文化奠定了重要的歷史基礎。因此千百年來歷代藏族同胞口耳相傳創作出了《格薩爾王傳》來紀念這位賢王的歷史功績。從這個角度看，這部英雄史詩也就沒有什麼所謂的神祕莫測之感了。

前些年我到四川的藏區做文化考察，無意間在一個縣城的古玩攤上發現了幾枚宋代的「景祐元寶」。我當即買下。因為我知道，這枚被綠鏽所包裹著的銅幣，雖然品相不佳，算不得古幣中的上品，但卻有著不可忽視的重要意義，它見證了喇廝囉為改善民族關係、發展地區經濟所做出的貢獻，作為後人我們必須要銘記。

《宋史》對於喇廝囉有公正的評價。「喇廝囉居鄯州，西有臨谷城通青海、高昌諸國商人皆趨鄯州貿易，以故富強」，竊以為，此言相當客觀並在理。時至今日，我們再回望那一段風雲激蕩的歷史，沒有理由不對喇廝囉的政治眼光表示出由衷的敬佩之情，畢竟他「不稱霸、不好戰、埋頭苦幹、睦鄰友好、開放市場、獨立自主」的政治主張對於當下的我們來講，仍有較為重要的現實意義。

天禧通寶

興也天禧，亡也天禧

經常出國的人對一個英文單詞不會陌生：Cathay。在海外，這個單詞基本上可以指代「中國」。譬如「國泰航空」就是用的這個單詞。在史地學界，曾有很多學者考證過這個單詞的來由，部分人認為這個單詞的原意是「震旦」，也有人翻譯其為「華夏」。據筆者整理，說法竟然達到十幾種。

三年前，我讀到了前輩學者張沅長先生一九三〇年代在《武漢大學文哲季刊》發表的一篇文章，他利用留學之機，跑遍了英國的圖書館，最終考證出Cathay一詞的最初含義：契丹。在文章中，他發現在歷史上，西方人最早通過絲綢之路接觸的中國人就是契丹人。因此，西方人習慣將Cathay指代中國。隨著民族的融合、遷徙與歷史的變遷，契丹族變成了回族、蒙古族、滿族等不同少數民族，融入了中國民族史的長河中。

但由契丹所建立的遼國，在世界歷史上是具有一席之地的。契丹崛起於宋，準確地說，是宋代的天禧年間。

天禧是宋真宗趙恒的年號，但是天禧年間同時也是遼聖宗耶律隆緒執政中的五年。耶律隆緒是契丹族的英雄，也是遼國歷史中一位傑出的明君。在簽訂「澶淵之盟」後，耶律隆緒果斷地派兵征討烏古與回鶻，使得遼國周邊環境獲得了極大改善，成為了中國北方最為強大的民族政權。

這五年裡，耶律隆緒勵精圖治，抓住「澶淵之盟」之後的發展機遇，一方面搞好和宋王朝的關係，另一方面聯合大部分北方少數民族，打擊少數不與之合作或作亂倒戈的部族。遼國的聲望獲得了空前的提高，耶律隆緒也被北方各少數民族政權尊為公認的君主。而且，他奉唐太宗李世民為自己的偶像，稱其為「五百年來中國之英主」——這裡的「中國」，是契丹人對於「中原」的別稱。

耶律隆緒在天禧年間所做出的最了不起的一件事情，就是讓漢族人與契丹人在法律上獲得了平等。以往在遼國，漢族人與契丹人犯同樣的罪，漢族人所受的處罰要嚴重得多，時間一長，激發了當地漢族群眾的不滿。在天禧年間，耶律隆緒推行「准法同科」的原則。無論哪個民族，犯罪之後就按照法律一視同仁，這樣的政策即便放到當下，也是有重要思考價值的。

與之同時，宋朝的天禧年間卻是在政治、軍事與外交上不斷弱化、矮化的五年。但就在這五年裡，一大批享譽世界的文化巨匠誕生了。他們是周敦頤、文同、司馬光、曾鞏、張載與王安石——縱觀「唐宋八大家」，誕生於天禧年間的就有兩位。

通過如上對比我們就可以發現，北方的遼國正在籌畫著金戈鐵馬、問鼎中原，而南邊的宋王朝卻在琴棋書畫、詩賦風花中過著小富即安的日子。宋王朝所創造出的文化，確實後世幾乎無任何一朝可匹敵。但統治者處理少數民族問題的笨拙與愚蠢，卻足以為後來者之鑒。

前些年，我偶然在瀋陽的文物市場上買到一枚「天禧通寶」。按照當時的地理狀況，瀋陽屬於契丹的勢力範圍，而這枚錢幣未如長江、黃河流域的銅幣一樣生滿綠鏽，粗看是東北黑土地浸染的結果，因此這枚「天禧通寶」或是宋遼「互市」時的產物，從某種角度上講，它見證了耶律隆緒氣吞萬里如虎的全盛時代。

歷史往往就是這樣巧合，遼國在晚期也曾使用過「天禧」這個年號。當時的皇帝是史稱「遼末主」的耶律直魯古。與他的祖先耶律隆緒相比，這個皇帝不但執政能力低下，而且熱衷「遊獵」，在他外出遊獵時，被蒙古士兵俘獲。如若耶律隆緒在天有靈，看到自己竟然有這樣顢頇的孫輩，他恐怕真的要扼腕長歎了。

至道元寶

攘外必先安內

瞭解中國現代史的人，對於一句話應該不陌生：「攘外必先安內」。長期以來，大陸主流學界幾乎公認這句話是蔣中正先生用來「圍剿」中共紅軍而任憑日軍入侵的罪證。但這句話的出處卻與蔣先生無關，它源自「半部論語治天下」的宋朝宰相趙普。

宋太宗繼承宋太祖的皇位之後，對於國內外的政治環境有著不太樂觀的判斷。他認為國內社會矛盾重重，而邊疆少數民族政權亦時刻有問鼎中原的野心，然而自己手中兵力又非常有限，究竟是「對外」還是「對內」，這成了困擾宋太宗的一個難題。

在宋太宗繼位後不久，趙普就針對宋太宗的疑慮遞交了一份奏摺，裡面有這樣一句話：「中國既安，群夷自服。是故夫欲攘外者，必先安內」。大概意思是說，現在中原地區已經平定，周圍少數民族政權也都臣服於我們，現在當務之急不是怎麼想辦法對付他們，而是怎樣維護中原地區的穩定。

這封奏摺其實與宋太祖臨終前的遺言有著異曲同工之處。宋太祖臨終前，曾親口向宋太宗表示：「國家若無外憂，必有內患。外憂不過邊事，皆可預為之防；惟奸邪無狀，若為內患，深為可懼」。兩朝統治者都忽視了邊疆少數民族政權走向強大的可能，而是一味將希望寄託在「安內」這一空中樓閣上，到了宋太宗統治晚期，太平興國成為一場夢，國家愈發步履維艱。

「至道」是宋太宗執政時最後一個年號，前後不過三年光景，但在這三年裡，北宋卻為自己埋下了深重的亡國隱患。首先是兵力的擴張，與建政初期相比，至道年間的兵力已是當年的三倍，這個數字足以讓宋朝政府陷入嚴重的財政虧空當中，中央政府開始大規模、用三種字體鑄造銅幣「至道元寶」。當然這還不算，更關鍵在於，在這三年裡北宋遇到了一個難以克制的強敵：李繼遷。

李繼遷是鮮卑族後代，也是一位傑出的少數民族政治家。從唐代開始，李繼遷的家族就世代統治雄州、秦州等地（今寧夏、甘肅地區）。歷史記載，李繼遷「生而有齒」，十二歲便擔任地方行政官員。至道年間，他一次襲擊宋朝的清遠軍，一次偷襲靈州，均取得了勝利，奠定了自己在北方的勢力範圍。

說李繼遷是一位傑出的政治家，恐怕許多人會懷疑，但要說李繼遷的孫子李元昊，大家就不會陌生了。這位西夏國的開國之君之所以能開疆拓土，成為宋王朝北部最強勁的對手之一，其中很重要的原因就在於其祖父李繼遷所打下的基業。在宋太宗與宋真宗權力交接的那三年裡，李繼遷多次襲擾北宋邊疆地區，並取得了階段性成果，為此後李元昊稱帝打下了堅實的物質基礎。

李繼遷死後，埋葬在賀蘭山下

但對於宋代統治者而言，至道年間卻是如白駒過隙的三年。統治者們都忽略了李繼遷這個足以讓他們的子孫後代不得安寧的「邊事」，相反，都把過多的精力放到鎮壓中原的王小波、李順起義上，農民起義很快被鎮壓下去了，但邊疆的戰火卻一點點地燃燒起來。

「攘外必先安內」是趙普的點子，但卻根於宋太祖的治國方略。宋太宗頒布使用「至道」這個年號時，趙普已經去世了三年，但我們可以看到的是，在宋太宗執政的最後幾年裡，西夏開始崛起了，並且表現出了強勢的後勁，足以使以「中原天朝」自居的宋朝不得安寧。

後世將趙普列入名相之列，筆者是不能苟同的，因為論權謀，趙普確實算一把好手，當年的「杯酒釋兵權」至今仍是中國政治史上的經典個案。但作為一國之相，光有權謀這一小聰明是不夠的，還要有協調對內事務的大局觀與清醒認識時勢的大智慧。可惜，趙普似乎並不具備這種眼光。在他看來，剿滅農民起義、安撫朝內官員才是當務之急。而他眼裡的「群夷」不過遲早「自服」而已，歷史早已證明，這種帶有民族歧視、盲目自信的狂妄觀點，遲早會付出血的代價。而沉浸在「安內」中的宋太宗卻全然不知，甚至「至道元寶」上的四個字，還出自他的墨寶。

有歷史學家認為，「宋非亡於契丹女真，而亡於謀士。自趙普至蔡京，皆禍國也」。竊以為，此說雖有不全之處，但總體也靠譜，至少可供後世執政者借鑒。

位於寧夏自治區銀川市郊區的西夏王陵

宋太宗與趙普一道踢蹴鞠，這是宋代貴族非常喜愛的一項運動

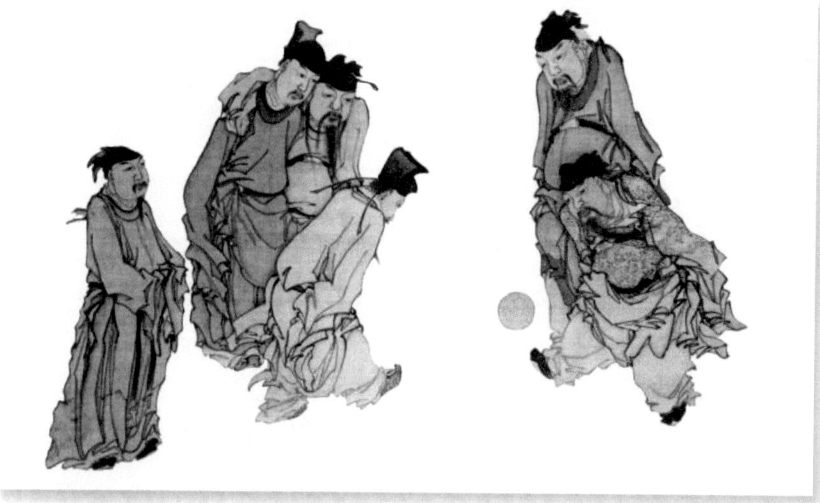

天聖元寶

自天聖後不入貢

用黃仁宇先生的大歷史觀來分析，宋朝無疑是處理民族關係最為失敗的朝代。無論北宋、南宋，皆如出一轍。北宋被金所滅，南宋則亡於元。前者皇帝被俘，後者皇帝跳海。

宋朝統治者認為，遼國乃是自己北部邊疆最大的勁敵，但「澶淵之盟」以後，宋朝與遼國基本上處於「花錢買平安」的狀態，相反，倒是同屬北方少數民族政權的女真部落，一直是宋朝的潛在威脅。原本屬於宋朝「納貢屬國」的女真，在「澶淵之盟」之後，審時度勢，感知宋代必亡，於是開始與宋決裂，倒向遼國。宋代歷史學家馬端臨曾據此評述：「自天聖後，役屬契丹，不復入貢」。

「不入貢」意味著女真部落澈底與北宋王朝決裂，並且愈發自強，最終成為吞併遼國與滅亡北宋王朝的終極推手。因此，「天聖」是北宋王朝的一個轉捩點。自此之後，中原政權不再展現出盛唐的金戈鐵馬氣象，而是直接淪為了弱不禁風、無能庸碌的代名詞。女真部落的「不復入貢」實際上意味著它不再將北宋王朝放在眼裡。這既反映了女真部落統治者的洞察力，也深刻地表現出宋王朝的悲哀。其時，北宋王朝才立國幾十年，脆弱本質便被邊疆少數民族政權一眼看穿。

「天聖」是宋仁宗年號，對於宋王朝來講，「天聖」時期無疑是極其複雜的時代。就在天聖元年，力主自強以禦敵的名相寇準溘然長逝。同年，北宋政府發行了世界上第一張紙幣——交子，究其原因之一，是由於中原地區銅量不足，導致「天聖元寶」鑄錢非常輕薄。繁華與富庶之下，隱藏著英雄走向末路、皇權岌岌可危的亡國訊息。只是這種危機與國難，都被「盛世」的虛偽表像所遮蓋。

女真部落的強大也是自「天聖」開始。天聖年間，女真部落出現了一位了不起的政治家，叫完顏烏古迺，史稱「金景祖」。當年金景祖因聯盟女真各部落而聲名卓著。迫於其影響力，遼國任命他為節度使，相當於現在的特區行政長官，擁有較大的行政自主權。但遼國統治者為了進一步籠絡、分化他的部落，要對他進行完全、澈底的招安，卻被他斷然拒絕了。金景祖拒絕的方式很有趣，遼國派招安使者前來，他派一位部下接待並告訴這位使者：「咱們家完顏大人不能接受您給的職位，否則，我們這些部下都會沒飯吃，然後就會殺了他，所以他不敢也沒法接見您啦！」

這樣的托詞，讓遼國皇帝非常氣憤卻也無可奈何。《金史》記載：自此之後，「（女真部落）有官屬，紀綱漸立矣」。而且《金史》還褒揚金景祖「為人寬恕，能容物」。在他的統治下，被遼國分化的女真部落日趨團結，終於成為了中國北方一支可以逐鹿中原的政治力

本書作者在金上京博物館

量。時至今日，東北地區的少數民族群眾仍然用自己的方式紀念這位傑出的政治家。蕭紅的小說《呼蘭河傳》的「呼蘭河」，就是今天的哈爾濱市呼蘭區，據說「呼蘭」一詞就是滿語「烏古迺」的讀音。[1]

回過頭來看，我們既要看到當時北宋統治者的怯弱一面，又要看到北宋經濟高度繁榮的歷史事實。其中一個重要原因就是與北方少數民族政權的經濟發展密不可分。譬如在北宋的邊境上有雄州、霸州等「榷場」，為邊境貿易與民族經濟的發展提供了前所未有的交易空間，以至於渤海灣的鹽都可以通過薊運河南運，成為遼、金與中原地區交易的大宗物資，並促使了漕運司的建立。與此同時，與西夏政權的「茶馬交易」，至今仍為當下人文歷史界所關注。「南茶換北馬」的秦州（今甘肅天水）邊境自由貿易，大大

[1] 因為作家蕭紅是哈爾濱市呼蘭縣人，筆者曾就「呼蘭」一詞的含義詢問過蕭紅研究專家章海寧先生，章先生認為，呼蘭一詞是「大煙囪」的意思。筆者認為，此為一說，特輯錄於此，請讀者諸君參考。

促進了北方少數民族與中原政權的共同繁榮。時至今日，在陝甘寧一帶，仍然可以挖出「天聖元寶」鑄錢。

由此可知，天聖年間之後，北宋雖然江河日下，露出亡國的徵兆。但這種經濟的繁榮卻是無價的，它促使武力強大的北方游牧民族迅速地從奴隸社會過渡到了封建社會。正如恩格斯所說：「比較野蠻的征服者，在絕對多數情況下，都不得不適應征服後存在的比較高的經濟社會」。據此我們不可否認，天聖年間之後，中國的民族融合與凝聚進入一個新的階段。

明道與顯道

明道元寶

研究宋史的人，對於一個年號必定繞不開：明道。

這是宋仁宗趙禎的年號，緊隨天聖之後。前面講過，天聖之後，地處西北的黨項地方政權「夏國」不再入貢。這實際上已經反映了兩個政權（或者說當時「夏國」只是一個特別行政區）矛盾的開始。可惜宋代皇帝毫無警覺，在天聖之後，宋仁宗趙禎更換年號為「明道」。

就在更換年號之後沒多久，「夏國公」李德明死了，是年明道元年，一〇三二年。

李德明死後，其子李元昊襲「夏國公」位，即位後，他做了兩件事情。一是「認祖改姓」，放棄漢族姓氏「李」，恢復黨項羌族之姓氏自稱「嵬名氏」，從此之後，「嵬名」成為西夏王族之姓；二是「避諱改號」，即為避其父親名字「德明」之諱，不再在西夏地區使用「明道」年號，而改為「顯道」，這是西夏第一個年號。

不難看出，李元昊這麼做的目的就是「脫宋」。認祖歸宗也好，避諱父名也罷，無非就是為了與宋王朝劃清關係，決定自立門戶。因此，只有兩年的「明道」年間，卻成就了李元昊的建國大業。

「顯道」是與「明道」同時的一個年號，但又脫胎於「明道」，而文言文中，「明」與「顯」均為「昭示」（declare）的意思。因此，「明道」也好，「顯道」也罷，都有「彰顯大道」的含義，這顯示出了西夏王朝與北宋王朝剪不斷、理還亂的密切聯繫。

自此之後，西夏王朝正式建立。有了自己的年號，等同於向世界宣示自己的「主權」。而且李元昊還在那年創立了自己的文字——西夏文。種種跡象都已經向北宋王朝表明：曾經的特別行政區長官，已經成為自己北方最強勁的敵手之一。只是，北宋對於西夏此舉竟然無動於衷，實乃匪夷所思。

我們且看看《續資治通鑒》中的記載，一〇三二年北宋發生了什麼——在該年二月，「淮南民大饑，有聚為盜者」，而北宋皇帝正為後宮誰立後、誰為貴妃的瑣事所糾葛，甚至還鬧到皇太后那裡。結果是「太后猶不許」，差點讓皇帝挨了一頓訓。荒廢朝政的報應果然馬上就會來到，到了八月，「是夜，大內火，延燔八殿。上與皇太后避火於苑中」。與此同時，這本書裡還提到了當時北宋官方對於李元昊的評價：「性凶鷙猜忍」。

宋代統治者面對淮南的災情幾乎置之不理，而對於北方新崛起的強敵也用這樣荒誕不經的描述，可見其執政能力之低下，無怪乎李元昊只用了區區幾年時間就成為中國西北地方最有實力的政權之一，甚至在其要求下，北宋王朝不得不打開「互市」的關口。西夏這一建政，就是三百四十六年，哪怕放到中原諸王朝當中來比較，這也是一個了不起的事情。

從歷史的眼光看，西夏政權與南詔、大理、金、遼、吐蕃與回鶻一樣，是宋王朝周圍同時存在的幾個少數民族政權之一。論影響，它不如金、遼曾一度問鼎中原；論文化影響，它也不如南詔、大理等政權對「海上絲綢之路」的貢獻。但從整個大歷史來看，西夏政權卻有著重要的民族史意義。

西夏政權實行多民族聯合政治，以黨項羌族為主導，漢族為輔，這在當時是個創舉，可見李元昊並不歧視中原文化與政治。相反，他還對中原地區的宗教、學術頗感興趣。西夏諸王都大力宣導儒學與佛教，在這樣的文化浸染下，西夏王國不但在佛塔、廟宇的建築工藝上獲得了空前的繁榮，造紙術、印刷術也都不輸給中原地區。據說，現在國內流傳最早的活字印刷品，就是西夏時的經書。

現在網路小說中有許多「穿越作品」都與西夏有關，如《西夏死書》、《石羊裡的西夏》等等，這反映了當代人對於昔日那大漠古國的好奇與興趣。現在已經沒有多少人能讀懂西夏文了，對於西夏的歷史與掌故多半也莫衷一是。但筆者相信，隨著更多歷史真相的被發現，西夏王朝的歷史意義亦會被重新重視起來。

位於銀川市西夏博物館附近的李元昊墓（泰陵）

至和元寶

一〇五五年的那些事

手上有枚銅錢，上有「至和元寶」四字。至和是宋仁宗晚期的年號，前後不過三年光景，研究的人不多。但筆者認為，作為至和二年的一〇五五年，卻是歷史中一個相當重要的年份，從世界史的角度看，這一年君士坦丁九世病逝，整個東方的歷史格局開始發生翻天覆地的變化，但從中國的歷史看，這卻是北宋與西夏關係最為微妙的一年，這一年為北宋與西夏的關係奠定了基礎。

在陝西神木一帶，有一片富庶的良田叫屈野河，這片土地相當肥沃，多年來是陝西地區的重要糧倉。正因其環境優渥，竟然引起了當地不同縣府許多官員的爭奪，大家都想奪此地而徵稅。此事上報到州府之後，州府最終定奪：此地為三不管地段，不歸屬於任何縣治理，同樣，也不許有任何性質的耕種、放牧行為。

因為山頭主義的私利之爭而荒棄一整塊良田，可見北宋統治者顢頇到何種地步。一〇五五年，西夏王朝趁此地無人看守，一舉進攻並將疆域推進了五十里。消息傳到汴京，宋仁宗慌了神。於是讓當地兩位負責官員來解決此事，一位是被傳統戲曲小說醜化至極的「龐太師」龐籍，一位就是《資治通鑑》的作者司馬光。

平心而論，這兩位歷史名臣在面對西夏政權時，態度是強硬的，但無奈整個北宋王朝卻膽小懦弱，這不得不說是歷史的悲劇。在處理這件事情時，司馬光和龐籍共同認為，要想要回土地，必先「宣誓主權」。於是，司馬光出了一個主意：乾脆在屈野河修築兩個碉堡，然後下一道命令：歡迎全國各地老百姓去屈野河耕種、經商，或是從事其他行當，國家一概不收賦稅。

這有點像我們今天的「開發區」或「孵化創業園」，既然國家有政策，那老百姓當然願意前來。但是此地已經有西夏軍民駐紮了，兩廂對抗，就產生了理所應當的衝突，甚至當地的守軍都時常被西夏軍隊恐嚇騷擾。彼時宋王朝尚未與西夏澈底撕破臉，於是趕緊召回司馬光與龐籍兩人，平息事端，以防止進一步觸怒西夏政權。

這件發生在一〇五五年的事兒史稱「屈野河事件」。回朝之後，司馬光被平級安置為京城閒官，而龐籍則貶為青州知州。司馬光對此事一直心有不甘，曾給宋仁宗寫過兩篇永遠未見到回覆的奏疏，一篇是〈論屈野河西修堡狀〉，另一篇是〈論屈野河西修堡第二狀〉，當然，這是後話。

為了討好西夏政權，修復兩地的關係，北宋政府答應了西夏政權在中原地區購買圖書資料的需求，並願意官方出錢，送西夏一些文獻資料。這時，朝議大夫王尚恭認為，兩晉南北朝的圖書資料中，頗多污蔑北方少數民族的言論，若給西夏王朝看到，難免又會認為這是挑釁，既然如此，不如就給他們一些佛教經書好了。宋仁宗採納了王尚恭的建議，於是決定只提供一部《大藏經》給西夏政權。

有一些學者認為，王尚恭這個舉動是正確的。他考慮到了少數民族的感情，避免用一些言論來傷害到中原政權與少數民族之間的關係，顯然自有其積極一面。但是我們不能用現代人的眼光來評判古人的舉措，畢竟歷史文獻資料中的一些言論並不能代表北宋政權的觀點，西夏政權若是因為古人對少數民族政權有不恭之語而找北宋王朝算帳，這明顯是找錯了冤主，張冠李戴。

從王尚恭的這個舉動我們不難看出，北宋許多文臣的懦弱一面，而這明顯又是受到整個大時代的影響，北宋政權的一味退讓、躲閃，最終釀成了王朝覆亡的靖康之變。在北宋，如司馬光、龐籍這種強硬派大臣無疑總是被貶謫、無視的對象，前行者寇準，後來者宗澤，幾乎無一例外。儘管在司馬光謄寫的〈王尚恭墓誌〉中，王尚恭被描述為一個有膽識、有謀略的人才，但通過一〇五五年發生的這些事件來看，比起司馬光來說，王尚恭確實算得上一個懦夫了。

一〇五五年發生的一系列事情，只是北宋與西夏乃至北方游牧民族政權關係的一個縮影，但這也看出北宋政權在處理民族關係上的失敗之處。縱觀整個北宋史，如果中原政權缺乏敞開大門進行文化溝通與經貿往來的博大胸襟，勢必會與周邊少數民族政權造就愈來愈深的隔閡。從西夏、遼、金到南詔、大理，北宋政權一直在躲閃、回避中求得生存，最終走向了亡國的末路，這不得不說是歷史的悲劇。

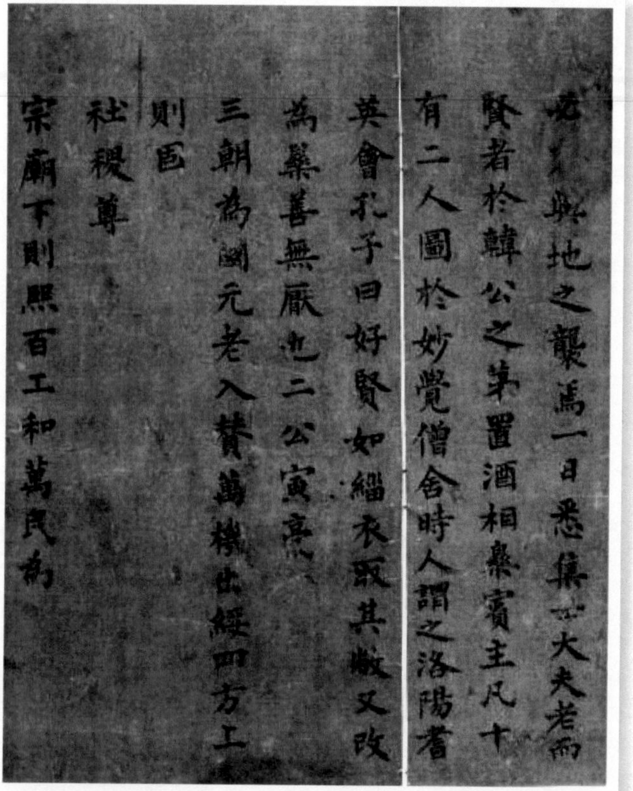
與地之襲焉一日悉集士大夫老而
賢者於韓公之第置酒相樂賓主凡十
有二人圖於妙覺僧舍時人謂之洛陽耆
英會孔子曰好賢如緇衣取其敝又改
為欒善無厭也二公寅亮
三朝為國元老入贊萬機出綏四方工
則臣
社稷尊
宗廟下則熙百工和萬民為

司馬光《洛陽耆英會序》（局部），亦為《文潞公耆英會圖》部分內容（絹本設色，2012年7月27日在北京隆榮國際春季拍賣會上以1.98億元人民幣成交）

熙寧重寶

換個角度看「熙寧變法」

北宋是一個年號比較多的朝代，所以發行的貨幣種類也非常多，筆者粗略地估算了一下，前前後後有三十多種，這在中國歷史上是非常鮮見的。

可是，年號多，並不代表著每一個年號都有特殊意義，或者說，並不代表每一年都發生了多麼重要的事情。縱觀北宋幾十個年號中，有一個年號尤其重要，甚至可以這樣講，這個年號直接決定了北宋的政治格局與文化傳統，並對後世產生了重要的歷史影響。

說到這裡，我相信許多人都能猜出個八九不離十，這個年號，就是熙寧。

熙寧年間最重要的事情，莫過於「熙寧變法」，也叫「王安石變法」。這個事情國中歷史書裡都有，我在這裡不作過多敘述。王安石提出了「因天下之力以生天下之財，取天下之財以供天下之費」的觀點，變法持續了好幾年，但最終卻慘澹收場。列寧曾評價，王安石是中國十一世紀的改革家。

很多人對王安石評價很高，黃仁宇先生就曾認為，王安石早出生了一千年。言外之意，王安石有著二十世紀現代人的思維方

宋神宗像

式。我認為這是過譽之語。歷史地看，始於熙寧二月的王安石變法，註定要走向失敗，而且會將宋王朝拖向萬劫不復的深淵。

理由很簡單，王安石變法的政策制定並非起於國家需要，其變法由頭看起來也無比荒唐。宋神宗即位後，它向契丹、吐蕃與西夏三個少數民族政權派遣了一位叫孫坦的使者，並帶了大量的禮物，希望這三個少數民族政權能夠發賀信前來祝賀，結果沒有想到的是，這三個政權收到錢財之後，不約而同地裝聾作啞，宋神宗等到花兒也謝了也沒等到賀信的到來，這大大地掃了宋神宗的顏面。

這種「花錢買賀信」的無聊做法是否始於宋神宗，我不敢說。但這卻大大觸怒了宋神宗，讓他有一種難言之火。一方面，北宋確實不是這三個少數民族政權的對手，莫說三個少數民族政權聯合起來，就算一個個的單打獨鬥，北宋也夠嗆；另一方面，宋神宗這種行為本身就是偷偷摸摸的做派，根本上不得檯面，你哪裡有資格還去找人家理論？

正因如此，宋神宗才決意「變法以自強」，但他沒有想到，之所以會出現與邊疆少數民族政權關係緊張的局面，並非因為北宋積貧積弱，當時北宋GDP占全世界的百分之八十，遠遠勝於西夏與遼。之所以會被動挨打，是因為自宋太宗以來荒謬、錯誤與歧視性的民族政策使之然。不是用「歲幣」換太平，就是異想天開地搞出「生熟戶」這樣的政策，長此以

王安石像

往，邊疆怎麼可能安定？

熙寧變法的實施，正是基於此，但王安石與宋神宗都沒有將處理民族關係這一頭等要務放到變法的條文中。王安石那句「天命不足畏，祖宗不足法，人言不足恤」確實對後世改革家們影響頗大，也感動了當時的宋神宗，但在王安石制定的變法策略中，僅僅涉及機構改革、稅賦改革與軍事改革，並未有一章一節談到如何處理邊疆與民族事務。可見，王安石與宋神宗都沒有將這一問題作為頭等重要的問題來處理。

鑒於此，熙寧變法也不可能拯救北宋王朝於危難之中，幾年之後，北宋愈發腹背受敵，新近崛起的女真部落，讓北宋王朝吃盡苦頭。北宋王朝只好將責任推給王安石，啟用守舊派大臣司馬光，司馬光延續了之前處理民族關係的路子，將土地割讓給西夏政權，換來兩個政權暫時性的和平。無論是王安石和司馬光，其實都沒有站在一個應有的高度來反思、思考這個時代所面對的迫切問題：究竟應該如何處理與邊疆少數民族政權的關係？

熙寧變法的失敗，反映了北宋統治者的侷限性與狹隘民族主義的視野。而熙寧變法的失敗，直接導致了北宋高層官僚集團的分裂，形成了北宋中晚期持續幾十年的「黨爭」：究竟是保守，還是改革？究竟是求和，還是強軍？凡此種種爭論，時常在汴京的朝堂上呈現，後世的我們再回顧熙寧年間的這段歷史，無不為王安石這位政治家的「不識時務」而扼腕。

熟戶與蕃兵

治平通寶

一九四三年，正值抗戰軍興。史學巨擘陳寅恪在為鄧廣銘先生的《宋史職官志考正》序中寫了這樣一句話：「華夏民族之文化，歷數千載之演進，造極於趙宋之世」。

毫無疑問，這句話意味深長。從歷史上看，兩宋確實是中國民族文化交融的繁盛期。北有遼、西夏與金，西有吐蕃，南有南詔、大理，四面八方的少數民族政權使得中華文化變得豐富多彩。但就宋朝統治者而言，他們不可能有這樣的覺悟，也不可能超越自己所處時代與歷史的侷限性。因此，在處理民族關係時，他們有時候會犯一些錯誤。有些小錯誤會激化民族矛盾、釀成戰爭，有些大錯誤直接將政權顛覆掉，使得統治者被俘甚至跳海，成為改朝換代、歷史前行的動力。

歷史學有個規律，太過荒唐的錯誤，一直會被歷史所銘記，成為統治者制定民族政策時的重要參照。縱觀有宋一朝，最為荒謬的民族政策莫過於將人以「生熟」區分，形成了「親我者熟，疏我者生」的民族歧視政策，直接影響到少數民族文化多元化的發展，並人為地形成了不應有的社會等級制度。而這一歧視政策，因為宋英宗治平年間「蕃兵」制度的建立而達到極致。

所謂「生熟」，是宋代統治者的一大「發明」，主要針對「生熟戶」即邊疆不同少數民族家庭來區分。「生戶」是居住地離中原地區較遠、不諳中原文化、有自己語言與習俗的少數民族家庭，而「熟戶」則是被中原文化同化的少數民族家庭。在中原統治者看來，「熟戶」應該是被籠絡、利用的對象；而對於「生戶」而言，他們若想享受與「熟戶」一樣的政治、社會待遇，要麼與漢族通婚，要麼自覺放棄自己的文化，主動迅速地變身「熟戶」，向中原政府示好。

「熟戶」並非是「一等公民」，用現在的話講，「熟戶」最多只能算是「綠卡持有者」而非「公民」。他們與普通的宋朝老百姓一樣耕作勞動，但在政治上卻毫無地位，甚至被要求禁絕與西夏人來往，並且必須送自己的孩子到北宋政府主辦的學校內進行「思想改造」。

這一政策始於宋初，在宋英宗治平年間登峰造極，形成了「蕃兵」制度。「蕃兵」就是吐蕃民族組成的軍隊。在治平年間，為了抵禦西夏的入侵，宋英宗從「熟戶」中挑選出一批年輕力壯的男子，在他們手背上刺字，並將其作為士兵進行訓練，用以防護西北邊陲。家中有人從軍入伍的「熟戶」，在徭役上可以享受別家不具備的福利。

但「蕃兵」卻是北宋軍隊裡的二等兵。一方面，北宋政府採取「臨敵之際，須至首用蕃兵，次用漢兵繼之」的伎倆，唆使吐蕃軍隊為之賣命，形成類似於「敢死隊」一樣的衝鋒隊；另一方面，北宋政府又對「蕃兵」實行嚴刑峻法，若臨陣退卻者採取「格殺勿論」的嚴酷軍規。對這一暴政，北宋統治者猶不思反省，甚至還洋洋自得。譬如在《續資治通鑑長編》中曾有記載：「（蕃兵）雖遇堅敵，亦無退卻之患」。

前些年筆者在藏族聚居區考察時，不經意間買到了一枚「治平通寶」。這枚銅錢一下子將筆者拉到了多年前讀《續資治通鑑長編》的記憶中。當時讀到治平年間設立「蕃兵」這一政策時，想到的是當年英國殖民者利用土耳其士兵、法國殖民者利用越南雇傭軍的歷史掌故。儘管史實不同、時間不同，但這種做法卻有著異曲同工之處。事實證明，無論是英國人、法國人還是北宋王朝，這種不顧民族感情甚至人民性命的民族歧視政策，最終會激起大多數民眾的反抗。

近年來，有學者認為，「熟戶」與「蕃兵」乃是宋代邊疆得以穩定的重要政策。因此，後世研究者不應當將其一竿子打死。筆者部分同意這個觀點。辯證地看，「熟戶」與「蕃兵」確實是北宋王朝暫時性維護邊疆穩定的一個有效政策，但它卻是民族歧視性的，在根本原則上體現出北宋統治者特別是仁宗、英宗時期新興權貴階層所推行的狹隘民族主義。對於這一侷限性，我們必須要有足夠的重視與反思。

元祐通寶

元祐更化、邊貿開市與市舶司

上個世紀八十年代，思想界有一個這樣的觀點：中華民族是土地上的農耕民族，而歐洲許多民族則是海洋上的商業民族，據此可知，近代中國的落後挨打，乃是根源於缺乏重商的傳統與對外貿易的全球性眼光。

坦誠地說，由於地域、文化等諸多因素，「重農抑商」、「萬般皆下品」成為了中國政治史中的一根不可忽視的思想主線，「商」確實在中國傳統社會階層中不佔優勢地位。但這並不意味著中國歷史上缺少商業文化傳統與對外貿易，更不能將其認同為近代中國落後挨打的歷史根源。因為中國有系統性對外貿易的正式起源並不晚，而是源於北宋的元祐年間。

「元祐」是宋哲宗趙煦的年號，也是「熙寧」的下一個年號。由於「熙寧變法」的失敗，代表舊黨勢力的司馬光上臺，因此舊黨也被稱為「元祐黨人」——以王安石為代表的改革派自然就是「熙寧黨人」了。史家所說的元祐黨人與熙寧黨人之爭，就是這段歷史。由於元祐年間是舊黨執政，因此歷史學家也稱元祐年間的舊黨政策為「元祐更化」。

「元祐更化」看似是對王安石改革思想的否定，但它卻不是歷史的倒退。其中最重要一個制度就是元祐二年「市舶司」在泉州的建立。這意味著泉州為起點的中國海上貿易的興盛——著名的「海上絲綢之路」由此打開。

國中歷史課本告訴我們，這是由於北方少數民族政權封鎖的原因，宋朝統治者不得已，只好從南下的海上尋找出口，因此也造就了中國造船業的發達。對此，筆者有不同意見，我一直認為，恰是北方少數民族政權的存在，讓宋朝統治者知道了邊貿開市、通商貿易的重要性，進而它們才會在海上尋找新的貿易市場。

在宋代之前，中國的統治者一直從農耕賦稅中獲得利益。可以這樣說，養活政府的並不是商人，而是農民。「販夫走卒、引車買漿之流」始終未能參與國家建設，也未有機會作為政府的供養人存在，即使徵稅，也是象徵意義，並不構成重要的比例。

但是北宋的格局卻為之一改。北方的西夏、遼、吐蕃、回紇與南邊的南詔、大理乃至交趾，皆成為北宋政權的貿易對象，甚至還帶動了這些政權之間的相互交易。上述這些少數民族政權，並非經濟落後、無甚往來價值，而是有著許多北宋政權急需的物資——如馬匹、牛羊、兵器等等，這種基於邊貿開市的交易到了元祐年間幾乎到達頂峰。就在元祐二年，蘇軾曾針對宋與西夏的貿易有過評述：「每一使賜予、貿易無慮得絹五萬餘匹，歸鬻之，其直匹五六千，民大悅，一使所獲率不下二十萬緡」。

元祐八年，大臣呂陶出使遼國，回到中原之後，曾向宋哲宗稟告：「臣問蕭奭：『回紇來此，是進奉或是買賣？』奭云：『回紇有數州屬本朝，常來進奉，亦非時常來買賣』」。

這些都證明了，迫於壓力或是需求等出於各種考慮，北宋政權都不斷發展與周邊少數民族政權的經貿往來，邊貿開市不但帶動了北宋政權的經濟發展，也促進了漢族與周邊少數民族的文化交流，是一件功德無量的好事。在這樣的歷史語境下，「市舶司」的成立也不是偶然事件，而是對外貿易長期發展的結果。

手上這枚「元祐通寶」就是北宋邊貿開市發展達到頂峰之明證。二〇〇五年，我在遙遠的雲南古城西雙版納的文物市場上買到了這枚生滿淺色綠鏽的銅幣，一看就是被溫暖濕潤的西南氣候滋潤千年的結果。當時的西雙版納，應該屬於南詔國南部的勢力範圍，而且從這裡可以直通印度甚至跨越印度洋直達非洲，可見當時邊貿繁盛到了何種地步，這枚古幣或許見證了中國對外貿易第一個鼎盛時代。

由是可知，「元祐更化」的政策並非完全都是保守、落後的，我們應當正視這些政策中積極、有意義的一面。邊貿開市促進了北宋社會商業意識的勃興，形成了早期的市民階層，才有了《清明上河圖》裡的風情萬種。時至今日，我們重新反思元祐年間的政治得失時，顯然無法回避這饒有興趣的歷史風景。

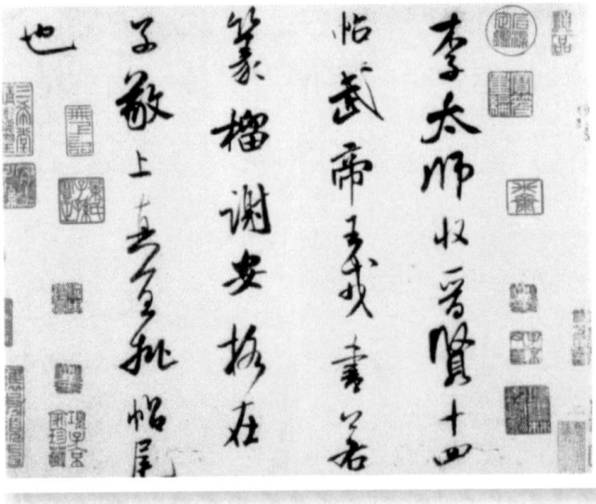

米芾行書《李太師帖》，即完成於元祐二年（紙本，原作藏於日本東京國立博物館）

兵敗西夏徒奈何

元豐通寶

我收藏最早的錢幣就是「元豐通寶」，一枚篆書，一枚草書，篆書是錯幣，即鑄錢打孔時工人將孔打歪了，形成了一枚「錯版幣」，有一定的收藏價值；而草書則大有來頭，據說草書「元豐通寶」四個字係蘇東坡手書，飄逸俊朗，別具風情。

錢幣上所傳遞的信息，多半是粉飾之後的太平。金戈鐵馬與血流成河，向來不會那麼容易地讓後人一眼瞥見。後來讀《宋史》時才知道，元豐年間（一〇七八～一〇八五）應該是北宋歷史上最慘烈的五年。在這五年裡，北宋王朝發動了該王朝軍力與犧牲均為最大的強大攻勢，對西夏王朝進行了前所未有的軍事征伐，而西夏王朝也以傾國之力對北宋王朝進行了血洗性的還擊。

這次征伐，就是歷史上有名的「五路西征」，而西夏的還擊，也是歷史上有名的「永樂之戰」。

說「五路西征」是中國歷史上一次罕見的大規模征伐，毫不為過。在這場戰爭中，北宋王朝投入了六個經略司（相當於戰區）的三十六萬士兵、民夫，總人數相當於抗日戰爭期間中國軍隊在「千古一戰」長衡會戰中所投入的總兵力。而後者則比前者晚了整整一千年。但吊詭的是，「五路西征」不但以宋軍失敗為結果，而且引發了西夏王朝的強烈還擊，最終結果是宋軍在戰爭中大敗，從此軍力一蹶不振，直至靖康之變。

因此，一千多年之後的我們，再回頭看這場有些撲朔迷離的戰爭，會覺得非常詫異。一個孱弱、無能的政權，緣何會有這樣的兵力與勇氣？其西征的目的僅僅只是攻下蘭州這一座城市？

實際上，回答上述問題，就等於洞悉了整個北宋王朝統治者的執政水準，也對北宋之所以會在拙劣的少數民族政策中走向亡國有了一個基本的把握與瞭解。因此，反思「五路西征」的歷史經過，對於宋代的民族關係得失也有一個相對客觀的認識。

縱觀《宋史》或《踈水記聞》等史書，對於這場戰爭的目的有著不同的結論。但筆者認為，宋王朝之所以這樣窮中原之兵力，攻打西夏的目的只有一個：趁西夏黨爭內亂，一舉攻下西夏。

當時西夏政權出現了太后外戚干政的局面，而太后又是漢族人。北宋統治者認為，他們「裡應外合」攻下西夏的歷史時機已經來到。但事實上，宋神宗誤判了形勢，他們忽略了西夏王朝所佔據的地域、氣候優勢。

在「五路西征」中，採取人海戰術的宋軍很快獲得了主動權，並攻下了李元昊的夏都南牟與西北重鎮蘭州。但在繼續深入前進的過程中，由於宋軍的補給線實在太長，曾一度出現「以驢代馬」的問題，「驢代夫運糧，驢塞路，饋不繼」，甚至「民夫發盡，差及婦女」；

兼至隆冬時節，宋軍在遙遠的西北邊陲因為苦寒，而不得已逐漸撤退，西夏軍隊卻借此機會乘勝追擊，一場以多攻少的戰爭，竟以失敗而告終。

在世界軍史上，這樣因為苦寒而戰敗的案例並不少，譬如拿破崙與希特勒在俄羅斯東歐平原上的慘敗。但宋朝這樣集中全國之力來對付一個本身已經處於和好狀態的少數民族政權，實在是有些匪夷所思。

戰爭失敗之後，西夏軍隊集中兵力，對宋軍進行了血洗性報復還擊，在永樂城（今陝西米脂以西）的一場戰爭中，北宋的要塞永樂城丟失，守將徐禧才陣亡，北宋遭遇了巨大的挫敗之後，只好放棄了「武鬥」的辦法，改用「文鬥」。在經濟上制裁西夏，要求「既絕歲賜，復禁和市，羌中窮用，一絹之直至十餘千」，即採取「斷絕經貿往來」的方式，果然，西夏被迫選擇與宋議和。

用經濟可以解決的辦法，卻用粗暴的武力來解決，這是宋王朝在處理民族關係上的重大失誤。「五路西征」與「永樂之戰」卻給宋王朝的民生幾乎帶來了滅頂之災。邊境地區的居民「皆棄不敢耕，窮守沙漠，衣食並絕，老少窮餓，不能自存」。從此之後，北宋的經濟一蹶不振，開始陷入了重重的經濟危機當中，因此，將「元豐」看作北宋由盛而衰的轉捩點，毫不過分。

西夏兵器（箭鏃）

蕃將折可適

崇寧重寶

前面講過，宋代處理民族問題時，採取非常錯誤的政策。一方面進行民族歧視，雇傭所謂的「蕃兵」為其發動戰爭擔任敢死隊，造成無辜犧牲，激化民族矛盾；另一方面，對周邊的少數民族政權選擇一味退讓、忍讓的態度，既疏於推動文化交流，也難以建立中央政府的威信，久而久之，北宋王朝勢必落入危機四伏的境地中。

但是縱觀北宋一朝的民族政策，卻也盡非一塌糊塗，其中最有代表性的成就有兩點，一是「開市」——由於少數民族政權強大了，他們有能力向中央政府叫板要求開放邊境自由貿易，這也是北宋王朝在經濟上獲得發展的原因；另一個則是對少數民族官員的任用，其中最典型的個案就是折氏家族。

折氏家族屬於鮮卑族後裔，被宋代統治者稱之為「蕃將」。整個家族興盛於後周名將折從阮，後周時負責守衛北部邊境，抵禦契丹入侵。史書記載，折家乃是西北名門望族，不但擁有大量財富，而且家族人員龐大、具有威震一方的影響。因此在五代十國時，後周聘用其擔任邊疆鎮守使，一時被稱之為「折家軍」。

北宋奪取政權後，繼續將守衛北疆的責任交給了折家，折家最有影響力的人物就是折太君，也就是楊家將裡的「佘太君」。《宋史》裡有統計，折家乃是北方名將世家，英雄輩出，知名人物絕對不止折太君一人，其中擔任過四品以上官員者多達二十餘人。但筆者認為，在整個折家中，最有代表性與影響力是北宋晚期名將折可適。

折可適是折家的第九代，宋徽宗崇寧年間時被封為「涇原路經略安撫使」，負責北宋與西夏接壤處的戍邊工作。在他任職期間，由於少數民族將領的身分，他能夠積極設身處地以和解的方式推動宋夏之間的交流。為了保證當地財政收入，他不像其他邊防將領一樣，徵收當地民眾為苦役，而是積極開闢鹽場與貿易，以這些收入來平衡軍備開支，並造福一方經濟，使得當地民眾未受徭役之苦，且自身為官清廉、處事公道，並未有民族歧視政策，成為當時傑出的父母官。

北宋崇寧年間，宋徽宗召其入京時，曾與他有一段對話，這段話後來被寫進《宋史・折可適傳》。宋徽宗問他，「何時攻取西夏？」折可適坦誠地向宋徽宗表示了自己的想法，一方面，前朝「五路西征」所帶來的創傷還未平息，邊境軍民才從戰亂中走出，渴望和平安寧的環境。宋徽宗繼續逼問：「究竟何時可以出兵？」折可適無奈只好回答：「得之易，守之難，當先侵弱其地，待吾藩籬既固，然後可圖」。自此之後，折可適一直拒絕發動對西夏的戰爭，直至其幾年後逝世。後人以「崇寧柱石」稱之，洵非過譽。

折可適是北宋官員中的一個異類。一方面，他非「主和」派，作為邊防鎮守大將，他以驍勇善戰而聞名，幾次西夏政權的偷襲都被他一舉擊破，並且俘獲兩員西夏大將鬼名阿埋與昧勒都通，使西夏聞風喪膽；但另一方面，他也不是「主戰」派，作為一名客居中原的少數民族將領，他的身分決定了他的視野：如何以更高的層面來捍衛中原政權的利益，但同時又讓少數民族政權與邊境軍民少受戰火之災。

只是可惜的是，北宋王朝始終未能讓折可適進入中央樞密機構，作為少數民族將領，他註定只能鎮守北方，而無法獲得統治者的真正信任，將其真知灼見納入國家政務決策中，從本質上看，他與北宋政權所利用的「蕃兵」沒有本質區別。

對於折可適與北宋政權來講，這未嘗不是一件共同的憾事。折可適病逝後，宋王朝任命其子折彥質進入樞密院（當時的參謀長聯席會議）任職，但這已經無法挽救北宋王朝的危機，十餘年後，北宋都城即被金兵攻陷。

歷史地看，崇寧年間是北宋中晚期發展為迅速的「中興」時期，當時的錢幣「崇寧重寶」由於字跡精美、設計厚重而被藏家稱為「兩宋絕品」，這從另一個側面反映了當時社會相對安定、民眾相對富裕的一面。為中原王朝的國泰民安保駕護航的竟是一位少數民族官員，這或許是北宋王朝執政者始料所不及的。

宋徽宗趙佶《臘梅山禽圖》（局部，絹本設色，原作收藏於臺北故宮博物院）

大觀通寶

曷懶甸之戰

站在大民族觀的角度爬梳北宋的民族史，不能只關注北宋與其他少數民族之間的關係，也要關注其他少數民族之間的戰與和。縱觀整個北宋史，曷懶甸之戰應該是北方少數民族政權之間的一件大事，並且決定了北宋晚期中原政治的走向。女真對高麗的這場戰爭，在很大程度上奠定了北宋甚至兩宋政治的發展格局，對北部少數民族的融合產生了深遠的影響。

對於研究北宋史的學者而言，曷懶甸之戰或許並不知名，而在日本、韓國的歷史界，這場戰役卻大名鼎鼎，因為史書所記載的「曷懶甸」並不在中國，而是在今天朝鮮的咸鏡南道。因此關於這一中國歷史問題的研究竟主要在國外學界，如津田左右吉、池內宏等日本學者均在這一問題上頗有建樹，這不得不說是一件非常遺憾的事情。

誠然，曷懶甸之戰在國際東北亞史特別是朝鮮史的研究領域內，已然是一個人盡皆知的專有名詞。甚至還有學者認為，這場爆發於北宋大觀年間的戰爭，是東北亞第一場「國際戰役」，在一定程度上決定了東北亞的歷史。但實際上，這一歷史事件亦反映了女真族與高麗族之間的交流與碰撞，是研究朝鮮族與滿族歷史一扇重要的視窗，理應得到中國大陸學界的重視與研究。

在北宋大觀年間（一一〇七～一一一〇）之前，女真一直是高麗的藩屬國，長期向高麗進貢稱臣。但當完顏烏雅束繼位之後，位於女真屬地與高麗國之間的曷懶甸地區的女真族部落開始歸附完顏烏雅束，女真部落的勢力逐漸強大起來。事實上，「曷懶甸諸部盡欲來附」反映了女真民族的趨同趨勢，是早期民族意識的覺醒，在一定意義上反映了女真部落從奴隸社會向封建社會的進化。

這種進步被高麗察覺之後，認為女真即將成為其未來的威脅對手，於是採取了極為蠻橫的方式——佔領了曷懶甸地區，並強行在當地修築九座城池。其中，祥州、英州與吉州等城名至今仍在朝鮮地區沿用。

但是，這一暴力入侵卻造成了當地女真族民眾的反抗，在部落首領完顏烏雅束的率領下，女真部落掀起了「民族獨立」的戰爭。這一持續多年的戰爭最終以女真部落的勝利而告終。在戰爭的最後，「（高麗族）將卒投甲散入，諸城陷沒，死傷不可勝數」。

當然，女真族的「民族獨立」戰爭與二十世紀初全世界風起雲湧的「反殖民與民族獨立運動」完全不能同日而語，兩者的內涵、方式、結果都是完全不同的。但有一點可以證明的是，這都是民族、國家與王朝走向進化的動力。前者促進了奴隸社會向封建社會的過渡，而後者則是資本主義全球化運動的助推器。

因此，曷懶甸之戰促進了女真部落發展、壯大，並使其「一戰成名」。在完顏烏雅束的率領下，女真部落迅速地在北方地區強大起來，成為當時一支頗具影響力的少數民族軍事力量。完顏烏雅束病逝後，他的弟弟金太祖完顏阿骨打繼承部落首領之位，在完顏阿骨打手上，女真部落成為了一個封建君主制政權——金國。

可以這樣講，正是完顏烏雅束所積累下來的威信與政治財富，才使得金太祖得以成為一代梟雄並完成入主中原的歷史前提，而曷懶甸之戰又恰是金國獲得建立的一次良好機遇。當我們談到金王朝的歷史時，很少有人能夠肯定完顏烏雅束的歷史意義，而多半談到完顏阿骨打，尤其提到「曷懶甸之戰」時，更多的人則是莫衷一是。

這裡順便提一下北宋，在「曷懶甸之戰」爆發時，北宋的都城汴京還沉浸在一片鶯歌燕舞的世界裡。宋徽宗在當時發行的「大觀通寶」上揮毫寫下了自己得意的瘦金體書法。他並非不知道五千公里之外所爆發的這場戰役，但他一定不知道，在這場戰役之後，他將成為女真族的俘虜。如果他能夠有這樣的預見性，那麼我相信，他一定會將他的文學才華投射到政治改革當中，從而改寫兩宋乃至整個中原地區的歷史。

但歷史不可能重寫，所以一切還是歷史中的煙雲。

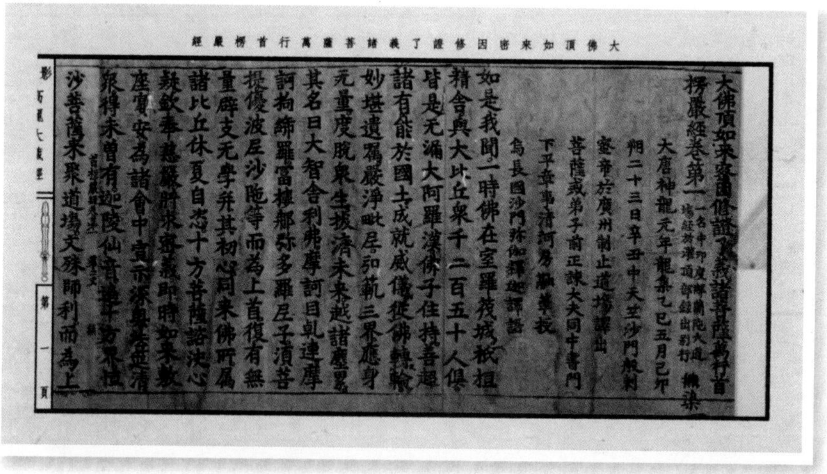

大佛頂如來密因修證了義諸菩薩萬行首楞嚴經

大佛頂如來密因修證了義諸菩薩萬行首楞嚴經卷第一 一名中印度那蘭陀大道場經於灌頂部錄出別行 擲染
大唐神龍元年龍集乙巳五月己卯朔二十三日辛丑中天竺沙門般剌蜜帝於廣州制止道場譯出
菩薩戒弟子前正諫大夫同中書門下平章事清河房融筆受
烏長國沙門彌伽釋迦譯語
如是我聞一時佛在室羅筏城祇桓精舍與大比丘衆千二百五十人俱皆是无漏大阿羅漢佛子住持善超諸有能於國土成就威儀從佛轉輪妙堪遺囑嚴淨毗尼弘範三界應身无量度脫衆生拔濟未來越諸塵累其名曰大智舍利弗摩訶目犍連摩訶拘絺羅富樓那彌多羅尼子須菩提優波尼沙陀等而為上首復有無量辟支无學并其初心同來佛所屬諸比丘休夏自恣十方菩薩諮決心疑欽奉慈嚴將求密義即時如來敷座宴安為諸會中宣示深奧法筵清衆得未曾有迦陵仙音遍十方界恒沙菩薩來聚道場文殊師利而為上首

第一頁

《宋本高麗大藏經》，因刻印於北宋開寶年間，故又稱《開寶藏》，是北宋王朝與高麗政權文化交流的見證。目前多數散佚，部分殘卷分別收藏與北京國家圖書館、中國佛教協會、上海圖書館等地

政和通寶

風雲猶憶下遼東

一一一五年，北宋政和五年。

這一年，基輔羅斯大公弗拉基米爾一世病逝，遙遠的北回歸線以北，歷史在呼嘯的塵風中顫抖。沙漠、積雪、暴風不斷提醒著人們的恐懼。

就在離弗拉基米爾一世駕崩不遠的地方，一位叫完顏阿骨打的女真族男子，一舉戰勝了他身邊最強大的敵人——契丹遼國，在勝利的喜悅中，他稱帝了，國號金。

這個崛起於林海雪原之中的王朝，以一種誰也無法料到的形式，悄然改寫著歷史。他成為了第一個顛覆中原政權的少數民族首領。在他的軍事進攻下，岳飛、韓世忠、宗澤成為了歷史書裡的英雄，陸游、李清照、周邦彥聲名鵲起，文狀元秦檜永久地跪倒在風景秀麗的西子湖畔，同樣，一代文宗宋徽宗被囚禁於漠北枯井之中，中原政權遇到了從未有過的滑鐵盧。

這一年，也是《射雕英雄傳》所敘述那段歷史的開始之年。

我與妻曾在二〇一三年冬天造訪過完顏阿骨打稱帝的地方，現在這裡叫阿城，是哈爾濱最南端的一座城市，再往下，就是吉林省。這座位於綏滿高速中段的城市，曾是金古都會寧府。而完

本書作者伉儷

顏阿骨打最初的陵寢，便在此處。

之於我而言，讀過的第一本章回小說是《說岳全傳》，而造訪的第一座帝王陵寢竟然是金太祖完顏阿骨打的陵墓，這我完全沒有想到。但我被周圍茫茫的林海雪原所震驚，目光所到之處，一片潔白，厚厚的積雪布滿了視線所覆蓋的區域，我很難想像，這裡竟然是一代梟雄稱帝的所在。

平心而論，先前我對完顏阿骨打並沒有太多的好評，因為在《說岳全傳》等章回小說裡，完顏阿骨打被當做一個殘暴的侵略者來描述，這種印記對於童年的我來講，是非常深刻的。因此，對於金國的歷史，我也並不太感興趣。

但是，一個人對於另一個人的認識，總是在不斷變化的，尤其是對於歷史人物，更是如此。許多人少時看不慣的亂世奸雄或竊國大盜如曾國藩、袁世凱之流，到了晚年，卻會對其政治觀點有了新的看法，甚至推崇備至；而少時為之扼腕下淚的英雄如李逵、譚嗣同等輩，隨著人生閱歷的增加，於是便發現，可憐之人定會有可悲之處，縱然其身首異處甚至萬箭穿身，也不值得同情。在讀完《說岳全傳》之後的二十年裡，我不斷地改變著對阿骨打的看法，直至現在。

記得很多年前念國中時，歷史老師曾告訴我，宋王朝與金王朝其實是一家人，都是中國歷史上的不同政權。好似三國演義裡的魏蜀吳，能說誰對誰錯？誰是義戰誰是不義？老師的話當然很有道理，但我聽到這些時，心裡還是有一點不舒服或是不服，既然是一家人，那為什麼要相互殘殺？老師彷彿知道我心裡的想法，告訴我，宋金戰爭是殘酷的，但是金太祖阿骨打並不是戰爭狂人，他在位期間不斷推行與中原地區友好的政策，而且還創立了女真文，是一位傑出的少數民族政治家。

這些話語在對話中終究是虛浮無力的，我習慣於相信自己看到的一切，但歷史無法重演，我只好選擇憑弔遺跡。在哈爾濱的那幾日，我選擇留出一天時間，驅車南下，穿越厚厚的雪原，希望在荒野裡能夠感知一段歷史。

在我的閱讀記憶裡，政和年間的北宋都城汴京應該是櫻紅柳綠的，我曾去過開封，現在的開封雖然今非昔比，但我仍舊可以感知到昔日汴京的繁華與喧鬧，那是整

完顏阿骨打塑像

個亞洲的商業中心，波斯人、中原人、女真人、契丹人等不同民族的客商在這裡彙集交流，構成了《清明上河圖》裡迤邐多姿的風情圖卷。而我對遙遠的會寧，卻幾乎沒有一丁點印象，甚至於讓我覺得，這裡的風物是如此的荒涼，一點兒古都的感覺都難以找到。

正是因為這種荒涼，卻可以給人以一種蒼茫的歷史感。一個女真族男人，將一個部落建構成為了一個政權，讓一個王朝從漠北走向中原。他戰勝了自己身邊最強大的對手，改寫了中國的歷史，我們不應該忘記他。

「十丈豐碑勢倚空，風雲猶憶下遼東。百年功業秦皇帝，一代文章太史公。石斷雲鱗秋雨後，苔封龜背夕陽中。行人立馬空惆悵，禾黍離離滿故宮」。是後人憑弔阿骨打的詩作，試想，若無當年政和年間金戈鐵馬「下遼東」的氣魄，又何來今日多元紛呈的中原歷史呢？

宋人張擇端《清明上河圖》（局部，絹本，原作藏於北京故宮博物院）

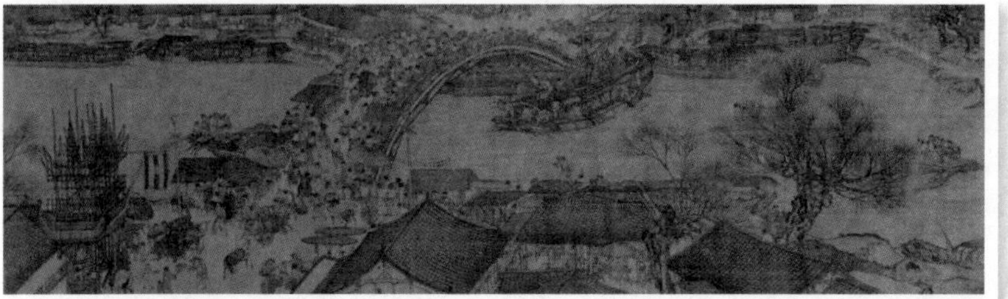

成於海也敗於海

重和通寶

後代歷史學家考察北宋歷史，多半會從海上貿易這條「海上絲綢之路」出發，認為這是中華文明開始呈現出海洋文明徵兆的歷史起點，泉州於是成為了中國海洋貿易的千年名港。北宋興起海上貿易的原因有很多，其中一個很重要的原因就是，北方少數民族政權的阻礙，讓自漢代以降的「陸上絲綢之路」不得已而中斷。喇叭不響掉頭吹，北宋王朝於是在南邊開闢了海上貿易。

因此學界認為，海上貿易不但充實了北宋王朝的國庫，而且還改變了中原政權的經濟格局，更關鍵的是，這一貿易方式一直拓展延伸至南宋，一度成為南宋時的貿易主力，並帶動了兩宋海上文明——包括指南針、造船、製圖等領域的發展，形成了中國歷史中的海洋文化。因而，「海洋文明」被看做是兩宋文明的重要組成，甚至還有觀點認為，海洋是拯救兩

宋徽宗趙佶《五色鸚鵡圖》（局部，絹本設色，原作藏於美國波士頓美術館）

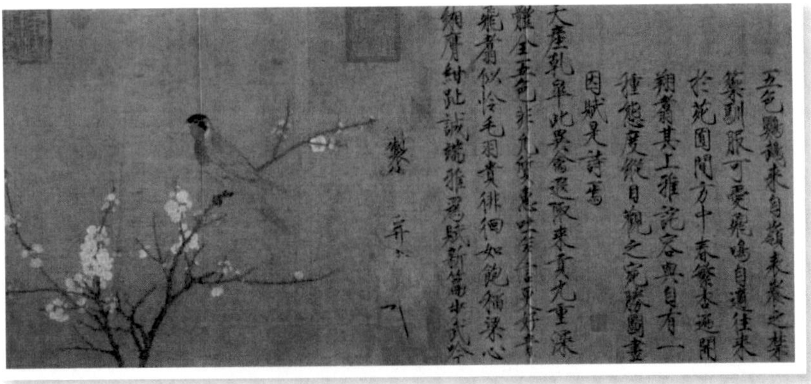

宋政權的重要利器，如若沒有海洋，北宋的經濟早為北方所封鎖，那麼，兩宋的書法、繪畫、雕塑、詩詞乃至早期商業文明，亦都為大江東去的金戈鐵馬所取代，中華文明或許會乏味許多。

但實際上，說北宋成於海並不錯，但說北宋敗於海，也不是沒有道理。譬如被史家時常忽略的「海上之盟」，就證明了這個論斷。

宋徽宗執政年間，邊疆不穩，戰事頻繁，因此宋徽宗喜歡用「和」字作為年號中的一個字，其中很有名的如「政和」、「宣和」，沒有什麼太大影響的如「重和」——這是一個只使用了兩年的年號。雖然影響不大，但卻在歷史上有不可忽視的一筆：重和元年，宋金簽下「海上之盟」。這是北宋王朝一次最為愚蠢與被動的政治選擇，顯示其統治者處理民族關係問題時盲動與無能的一面。

在宋徽宗即位後，女真部落改國號為金，開始進攻氣數已盡的遼國。北宋統治者希冀能參與這一戰爭並從中分一杯羹，於是向金國統治者完顏阿骨打提出要求，希望能夠與金國結成同盟軍，一併攻打遼國，在戰勝遼國之後，請求金國將遼國的土地出讓一部分給自己，然後將原來賠給遼國的歲幣轉給金國。

如果拋開民族內部戰爭不談，僅從現代國際關係的視野來看，這是一種背信棄義的政治選擇。首先，「澶淵之盟」已經決定了，北宋與遼國是同盟政權，遼國現在江河日下，北宋居然要和另外一個政權一起侵略自己的盟友、瓜分盟友的土地，並且重新認金國做盟友。這種看著誰強大就跟誰走並且對自己盟友下狠手的「牆頭草」做派，勢必會遭到歷史的報應。

北宋統治者也認為這件事情不甚光彩，於是，竟然以「買馬」為名義與金國統治者在渤海的一艘船上會面，並且偷偷摸摸地簽訂了關於上述條文的「海上之盟」。

果然，北宋竭盡全國之力，配合金國攻下了遼國，但金國卻藉口北宋軍隊作戰不力，並且沒有攻陷遼國的都城為由，拒絕將遼國的任何土地分給宋朝。宋王朝派使者去苦苦哀求，以二十萬兩銀、三十萬匹絹給金，並納燕京代租錢一百萬貫的代價，才獲得燕雲六州（景、檀、易、涿、薊、順）及燕京地區，但是金人在撤走時，將所有的財富一併擄走，北宋所接管的城池，只是一片荒蕪的爛攤子。

戰爭結束後，宋徽宗不以為恥，反以為榮，更關鍵在於，他還恬不知恥地命人寫下了《復燕雲碑》來為自己的舉動歌功頌德，認為正是他的英明領導，才讓金國將這些地盤送回。殊不知，正在他陶醉於所謂的虛偽勝利中時，金國正在籌畫下一場吞併宋王朝的戰爭，因為「海上之盟」讓金人發現了，最虛弱的王朝其實並不是遼國，而是北宋。

「成於海也敗於海」是我對北宋統治者的評價，這兩者都反映了他們懦弱的本質。「成於海」乃是因為他們恐懼北方統治者的兇悍，而不得不開闢海上通道，企圖躲避客觀存在的問題。而「敗於海」更加證明了，任何政權都無法回避既存的風險，只有不斷讓自己強大而不是懼首畏尾，才有機會改變自己所處的格局與現狀。

宣和通寶

從《大宋宣和遺事》說起

我收藏古幣至今已有二十多年，其中發生過許多難忘的事情。收藏是一門學問不假，但與此同時，它更是一個追尋樂趣的過程。回顧我的收藏經歷，有一件事情最難以忘懷，就是「宣和通寶」的偶得以及引領我走上收藏之路的已故文物學者鄭海波先生。

因自幼身體欠佳，小學基本上是在家自學。期間亂讀家中的舊書，忽然對歷史感興趣，於是幾乎每日到當地的文物公司閒逛，久而久之，與文物公司的經理鄭海波先生熟識。鄭老師是歷史系科班出身，也是湖北地區小有名氣的文物鑒定家。在鄭先生的指導下，我開始對金石之學感興趣，後來家父看到我在文物公司裡居然可以學到一些書本上學不到的東西，於是每日送我去「實習」，跟著鄭先生也學了一些拓碑、裝裱的技術以及粗淺的錢幣、瓷器與字畫的鑒賞知識。

有一天，鄭先生忽然在裝盛古幣的盒子裡摸出一枚幾乎朽爛的硬幣，讓我辨析上面的字跡。我仔細看了半天，確定是「宣和通寶」，鄭先生微微一笑：「你答對了，這枚錢送給你了。但是你知道，我是從哪裡淘到這枚錢幣的嗎？」

天曉得！中國這麼大，我知道它來自於哪裡？

「你一定讀過《水滸傳》，這本書源自於另外一本書，叫《大宋宣和遺事》」。鄭先生指著這枚錢幣告訴我，「『宣和』是北宋宋徽宗最後一個年號，也是北宋王朝倒數第二個年號。宣和年間，金兵已經大舉入侵中原，宋徽宗無力維持局勢，只好將皇位傳給了自己的兒子宋欽宗，是為靖康，也是歷史上有名的『靖康之變』發生的年份。這一年也是金庸小說《射雕英雄傳》的發生時間，裡面的主人公叫郭靖、楊康，就是為了紀念靖康之變。」

「上個月我去太原開會，特意參觀了一下當地的古玩市場，就淘到了這枚錢幣。太原是金兵自北南下的最後一站，也是宋金分治的分割線，就在宣和七年，這個年號的最後一年。金兵與西夏軍隊一道攻佔太原，逼近汴京，剛登基的宋欽宗竟然下詔將中山、河間、太原三鎮交給金國，歷史天平的砝碼徹底倒向了金國，現在看來這一切是歷史的悲劇。在我看來，這是一場偉大的民族融合運動。戰爭雖然殘酷，是給無辜民眾帶來巨大傷害的悲劇，但長遠地看，這場民族融合的戰爭改變了中國北方的文化格局，是一次歷史的進步」。

這些史實，其實在我讀到的話本小說裡都與侵略、殘暴有關。但在鄭先生這裡，我卻聽到了大相徑庭的觀點，其實這並不只是耳目一新，而是略微有些抗拒。因為在我看來，如果這些戰爭是「偉大」的話，那麼何以去理解岳飛的「精忠報國」？

宣和是北宋倒數第二個年號。縱觀整部《大宋宣和遺事》，在使用這個年號的七年裡，北宋一直處於被動挨打的局面，政權的版圖也越來越小，但是如果放眼整個中國歷史乃至東亞史來看的話，在北宋宣和年間，卻是中國北方少數民族走向同一、繁榮的大好局面，也是金、西夏等少數民族政權從奴隸社會向封建社會的過渡的重要歷史階段。《大宋宣和遺事》補充了《宋史》中的缺陷以及為帝王諱的不足之處，客觀反映了當時的戰爭真相與民族融合大趨勢，今日重讀《大宋宣和遺事》，顯然有著別樣的意義。

有學者認為，《大宋宣和遺事》有元代學者增益的部分並且於元代成書，因此對於北方游牧民族政權的態度，明顯要客觀許多。而鄭先生超越傳統民族國家的視野，無疑為年幼的我普及了一個基本的歷史常識。

鄭先生已經作古，但先生贈給我的這枚「宣和通寶」我一直保留至今。《大宋宣和遺事》這本書我也讀過多遍。狹隘地看，「宣和」是一個屈辱且悲壯的年號，因為在「宣和」之後，北宋走向了滅亡，這是一個王朝的悲劇，但在「宣和」之後，宣告了少數民族對中原地區的入主，這為未來多姿多彩中原文化的形成，奠定了重要的歷史基礎。時至今日，我們再回顧《大宋宣和遺事》所記錄的金戈鐵馬，應該以一種博大的胸懷來看待：這是一次屬於整個東亞的封建社會的進化運動，它將整個東北亞地區帶入了新的時代。

靖康之變，文明之新

靖康通寶

歷史地看，宋代有許多年號，確實讓人哭笑不得。譬如「太平興國」，期間既不太平，也不興國，而「靖康」更是使人匪夷所思。「靖」與「康」都是「太平」、「安康」的意思，結果「靖康」成了兵荒馬亂的代名詞，也是北宋歷史上最後一個年號。

手上有枚鏽跡斑斑的「靖康通寶」，這個才發行使用不到兩年的貨幣，既令人唏噓，也使人回味。就在靖康年間，北宋亡於金，從此漢唐氣象不復存在，取而代之是元、清兩代的金戈鐵馬與南宋與明兩朝的詩詞歌賦。大江東去穿插著小橋流水，成為了「靖康」之後中國中原地區的主要文化格局。因此，站在今天的角度，重新反思、審理「靖康之變」的文化意義，顯然自有其歷史價值。

板蕩知勁草，亂世出英雄。「靖康之變」湧現出了大量的軍事家、政治家，這早已為後世所公認。無論是北宋政權的宗澤、韓世忠、岳飛，還是金政權的完顏阿骨打、完顏宗翰，實際上都是中國歷史上可圈可點的人物。關於靖康前後的軍事、政治，這裡我不再贅言。在這裡，我想主要談談「靖康之變」對於中國文化的影響。

山西大同雲岡石窟，因地處南北文化的交匯之處，因此集中了不同時代的佛像風格，顯示出了遼金文化對於中華文明形成期的重要影響

哲學地看，「變」與「新」是兩個相互依存的概念。「變」是量變，量變到一定程度就是質變，也就是我們常說的「新」。站在北宋政權的角度看，「靖康之變」確實是政權之變，戰亂之殤，黎民百姓流離失所，王侯公卿淪為楚囚，但若立足一千多年之後的今日再反思這場民族間的政權戰爭，我們會發現，「靖康之變」是中華文化的轉捩點，也是一段新文明的起點。

首先，「靖康之變」給中原文明帶來了北方游牧文化的血液，使得中原文化更具備多元化與包容性。

在北宋之前，中國中原地區的文明主要是漢唐文明。北方少數民族雖然自春秋、秦漢以來就存在，但未給中原地區文化帶來較大的影響。經歷了「靖康之變」之後，黃河、淮河流域部分地區開始由少數民族政權所管控。在飲食習慣、文字語言乃至文化藝術上，都受到了游牧民族的影響。譬如今日河南「文集遺址」出土的金代瓷器，明顯既受到中原陶瓷技術的影響，又有游牧民族的特徵；而山西雲岡石窟是由北魏、遼與金等少數民族政權共同開掘的，體現了中原文明與北方游牧文化「混血」的藝術特徵。

金代的冶煉、畜牧、皮革、種植、製造等技術也自「靖康之變」之後傳入中原。尤其是錫鋅合金冶煉技術，成為了中原地區綿延千年的重要冶煉工藝。由於金政權崛起於世居缺銅的北方，因此它們獨創了以銅、錫與鋅三種金屬混合冶煉的特殊技術。這類「混血」的合金質地堅硬，節省貴重金屬並且容易冶煉，成為了南宋以來中原地區最常用的冶煉技術之一。

自「靖康之變」開始的「文化混血」，既是對先前「以儒為尊」的中原傳統審美哲學的顛覆，也是對「胡服騎射」文化的賡續、呼應與發揚，體現了中華文明的多元化特徵。因此，「靖康之變」帶來了「文化之新」。

其次，「靖康之變」導致中國文化、經濟中心南移，客觀上帶動了中華文化的全域性發展，特別是促使了閩南文化、江南文化與嶺南文化的勃興。

秦漢至北宋，中華文化多半集中在黃河流域，被稱為「蠻」的南方，向來屬於文化薄弱的區域。南宋遷都臨安（今杭州），是中原王朝第一次在長江以南的地區建都。自南宋以

抗金名將岳飛、岳雲父子墓，位於浙江省杭州市西湖畔

降，以閩北、贛南為核心的程朱理學文化，以杭州、蘇州為核心的江南文化，以潮汕為核心的嶺南文化隨著經濟的繁榮、知識份子精英階層的流動而日趨繁盛，尤其到了明代，「東南財富地，江南人文藪」、「蘇湖熟，天下足」成為了全社會的共識。試想，若無「靖康之變」，豈有中華文化全域發展之新？

英國歷史學家湯因比有言，「戰爭讓文明更加文明」。筆者也相信，任何戰亂都是暫時的，但所創造出的文明卻是永恆的，古今中外，概莫能外。君士坦丁堡之戰雖然殘酷，但卻開啟了文藝復興的大門；伯羅奔尼薩斯戰爭雖然對希臘城邦戕害巨大，但其帶來的斯巴達、梅薩尼亞與羅馬時代卻衍生了光耀後世的文明。事實上，「靖康之變」也一樣，「靖康恥」雖然未雪，但卻給中華文明帶來了全新的發展前景，從這點來看，自當被後世所銘記。

紹興元寶

從「宇文虛中案」說起

我雖是中國現代文學史出身，但對於「紹興」這個詞的認識絕非從魯迅先生的家鄉開始。未莊的烏篷船與少年閏土並不能喚起我對「紹興」這個詞的原初聯想。就我個人而言，「紹興」始於我八歲時讀章回小說的記憶。「紹興」是《說岳全傳》裡的一個年號，這也是南宋第二個年號。當然，它也是宋代歷史中被使用時間最長的一個年號，前前後後一共使用了三十二年。

「紹興元寶」也是我較早收藏的一枚銅錢，記得為了購得這枚銅錢，幾乎挖空了家裡的儲蓄罐，因為當時正沉迷於岳飛的「精忠報國」故事當中。後來偶然讀《宋史》與《金史》，發現歷史根本不似《說岳全傳》裡講的那樣，整個南宋政權從來沒有「滅金」這樣的翻盤事情發生。相反，在紹興年間，南宋與金國之間還發生了一起著名的「間諜案」，即「宇文虛中案」。

宇文虛中原名宇文黃中，是鮮卑族知名詩人，宋徽宗時任資政殿大學士，被宋徽宗賜名為宇文虛中。南宋政權建立後，他擔任黃門侍郎，相當於今天的「行政院秘書長」。建炎二年，南宋政權考慮到宇文虛中的鮮卑族身分，要求他出使金國，他慨然前往。

南宋的開國皇帝宋高宗趙構

孰料，宇文虛中到達金國後，竟然搖身一變，直接投降金國。金太宗完顏晟惜才，任命其為翰林學士、太常卿、河南郡國公。在金國任職期間，他為剛病故不久的金太祖完顏阿骨打寫下了《太祖睿德神功碑》，一時洛陽紙貴，被授予「金紫光祿大夫」兼「禮部尚書」一銜。當時金國許多出生入死、戰功顯赫的將領都對此憤憤不平，認為一個投降的文官，無非只會寫幾首破詩而已，何德何能可以坐到這樣的職位？

金太宗從長遠戰略出發，認為游牧民族以武得天下，但文化修養普遍偏低，中原文化博大精深，藉此希望宇文虛中可以安居金國，成為文化的傳道者。在金太宗的力薦下，宇文虛中在金國位極人臣，名列三公九卿，成為了「投降者」中的佼佼者。甚至起草詔文、擬定官制這樣的軍國大事，金太宗都交付宇文虛中辦理。

如果說宇文虛中能夠如此了此生，也算是為民族文化交流作出了貢獻。雖然他沒有蘇武名節高貴，但是，至少他仍然完成了自己的歷史使命。就像南北朝時的文學家庾信，奉命出使西魏，結果反遭扣留，一直做到「驃騎大將軍開府儀同三司」，成為了民族文化的交流使

者。但宇文虛中並沒有庾信會審時度勢——南宋統治者錯誤的民族、軍事政策與宇文虛中自己的性格，澈底葬送了這位原本可以成為民族文化擺渡者的詩人。

在南宋初年，宋高宗一面為緩解內部矛盾、安撫主戰派，一邊又膽怯於金國的兇悍勢力。在紹興年間的前十年，宋高宗時而主戰，時而主和，拉鋸戰一般的零星戰爭讓宋金兩朝軍民吃盡苦頭。這讓待在金國的宇文虛中心神不寧。尤其當他在紹興十六年（一一四六年）打聽到南宋政權即將北伐時，他認為自己的機會終於到來了。作為金國重臣的宇文虛中，竟然號令了一幫「毅勇之士」，起兵反金，夢想在金國的土地上「匡扶宋室」。

而這一年恰是宋金議和之年，而且此時重用宇文虛中的金太宗早已病逝，繼位者為其侄子金熙宗以及完顏宗幹、完顏宗翰、完顏宗輔、完顏

山西省朔州崇福寺金代壁畫

希尹等保守派貴族大臣。他們對宇文虛中這個手無縛雞之力的「貳臣」早已厭惡至極，而此刻他又送上門起兵謀反，在金國貴族勢力的反擊下，宇文家族一百餘人皆被斬盡殺絕。

「其心可嘉，其事可惡」，是後來史學家對宇文虛中的評價。在《金史》中我們還看到另外一個宇文虛中。「虛中恃才輕肆，好譏訕，凡見女真人輒以『礦鹵』目之，貴人達官往往積不能平」。作為金國重臣的宇文虛中，他對於其他少數民族部下、同僚時常說出一些風涼話，甚至還侮辱其他人是「礦鹵」，造成金國許多官員看他不順眼。我們知道，「礦鹵」是煉鹽的原材料，和「粗木疙瘩」的意思差不多。北方少鹽，因此宇文虛中竟然用一個北方少數民族不熟悉的名詞來侮辱他人人格。[2] 好在歷史是公正的，史官早已將這一言論記錄在案，留給後世評述，由此可見宇文虛中人品並非上佳。

---

2 學界對「礦鹵」二字有不同解釋，有觀點認為「鹵」為「魯」的通假字，意為魯莽；而「礦」則是「曠」的通假字，係「目中無人」之意，所謂「礦鹵」者，是「粗俗、鹵莽且目中無人」的意思。雲南省昆陽縣紀念鄭和的「馬哈只碑」銘有一詩，當中有「礦鹵盧鷲能飲馬，星槎徒自犯牽牛」兩句，可佐此說。筆者認為，該係為一家之言，特輯錄在此，以作參考。

在《宋史》中，宇文虛中也不光彩。他被殺前，竟然告訴來抓捕他的人，另外一位漢族大臣高士談家中藏有禁書，結果高士談與他一道被處以極刑。儘管後人將其奉為「忠臣楷模」，但筆者認為，以當代人的視野回望這段歷史，對於這樣一位特殊的政治人物，不應以一「愚忠」遮百醜，而理應予以公正的歷史評價。

隆興元寶

南北中興始隆興

在南宋所有年號中，「隆興」（一一六三～一一六四）是一個只有兩年時間的年號，明顯不起眼。但它卻是南宋政權最重要的年號，也是南宋第二個皇帝宋孝宗的第一個年號。「隆興元寶」是我珍藏多年的一枚古幣，因為這枚古幣，我對於宋金關係有了完全不一樣的認識。

宋高宗死後，宋孝宗即位。《說岳全傳》裡是這樣記錄這個橋段的：岳飛被害後，金兵犯境，宋高宗發現朝堂上已經無禦敵之將，只好重賞願出兵抗金者。結果岳飛的英魂仍在朝堂上盤旋，聽到宋高宗在點將，趕緊附在奸臣羅汝楫身上，跪下奏道：「臣岳飛願往」。這一顯靈不打緊，活活將宋高宗當場嚇死，然後宋孝宗即位。受岳飛英靈的感召，宋孝宗重新啟用「岳家軍」，最終擊潰金軍，收復失地。

這當然是小說家的虛構，《宋史》記載，宋高宗乃是因為年老體弱而不得不自動退休，讓位給遠房侄子宋孝宗，自己做太上皇，因病死於宋孝宗執政之後的二十四年，即淳熙十四年（一一八七年），而非被岳飛嚇死在皇位上。但宋孝宗即位之後，的確也有過一次出兵北伐，而且是讓岳飛的老友、快七十歲的老將張

宋孝宗像

在中國抗日戰爭史上有重要意義的北京盧溝橋，始建於金章宗明昌元年（一一八九年）

浚率兵。老將出馬，一個未必頂倆個，大軍剛剛出征，就在安徽符離被金軍殺了一個七零八散。而且，在這場敗仗之後沒幾個月張浚就病逝了。宋孝宗只好啟用主和派大臣湯思退，重開議和之門。

隆興二年，在湯思退的主導下，宋使魏杞與金軍簽訂合約《隆興和議》。從當時的眼光看，這是一份相當屈辱的合約，因為宋對金不再稱臣，而稱「叔」，君臣關係變成了叔侄關係，而且將商州、秦州都割讓給金國管轄。但有兩點值得慶倖的是，金國降低了對於宋朝的「歲幣」的要求，並允諾不再追回從金國跑回宋朝的「脫金者」人員。但現在看來，這個條約卻有著非常了不起的時代意義。

首先，《隆興和議》為南宋政權爭取了四十餘年的太平時節，是對紹興年間太平的賡續。這在客觀上推動了南宋文化如書畫、詞賦、音律、織繡、造船乃至陶瓷等領域的發展，形成了以臨安為中心，輻射蘇州、揚州的江南經濟圈對於江南文化的形成有著明顯的重要

宋孝宗趙昚書法作品《漁父詩團扇》，絹本，美國大都會藝術博物館藏，顧洛阜（John M. Crawford, Jr. 1913-1988）遺贈

意義。

與北宋不同，南宋的經濟、文化中心從條件艱苦的黃河流域轉移到了富庶溫潤的長江三角洲地帶。宋孝宗執政後，利用《隆興和議》所帶來的太平，整肅吏治、發展經濟，很快，南宋官窯成為與汝窯、哥窯齊名的五大名窯之一，整個江南地區的經濟獲得了從未有過的發展。而且，宋孝宗主張在江南地區興修水利工程，輕徭薄賦，讓長江中下游地區成為了全世界最富庶的地區之一，由於「隆興」之後是「乾淳」，因此歷史上也稱其為「乾淳之治」。

值得一提的是，陸游、辛棄疾、朱熹等思想家也活躍於隆興、乾淳兩朝，程朱理學也正是在這一特定的歷史時刻發展起來的。理學中心武夷山成為了繼曲阜之後中國歷史上又一個文化中心。史學家蔡尚思先生曾肯定武夷山的歷史地位：「東周出孔丘，南宋有朱熹。中國古文化，泰山與武夷」。可見「乾淳之治」給中國文化所帶來的影響，決不能小覷。

宋孝宗將南方治理得井井有條，讓北方的金國有點恐懼，金世宗開始將宋王朝列為威脅對象之一。「每戒群臣，積錢穀，謹武備，（金世宗）必曰：『吾恐宋人之和，終不可恃』，蓋亦忌帝（宋孝宗）之將有為也」。這句話的意思是，金世宗時常告誡大臣們，要發展經濟，加強軍備，當心因為宋的崛起而對金產生威脅，而這又是對宋孝宗治國理政能力的一種肯定。

金世宗執政時期，為了與宋抗衡，金世宗帶頭實行樸素的生活方式，不但不穿絲織龍袍，還要求自己的飯菜都是簡餐。作為少數民族政治家，他甚至大力普及中原經典文化如《詩經》、《論語》等，稱這些著述「經籍之興，其來久矣，垂教後世，無不盡善」，並重用李石、張玄素等曾經一度因為民族歧視而被壓制的漢族官員。而且，他首創「六十致仕」的「官員退休制」一直沿用至今。在他的領導下，管轄的區域國泰民安，一派祥和景象，史稱「大定之治」。

在史書中，宋孝宗被稱為「卓然為南渡諸帝之稱首」，而他的對手金世宗也被稱為「小堯舜」、「有漢文景之風」。這樣「南北中興」的局面在中國歷史上非常罕見。歷史地看，這與《隆興和議》的簽訂不無關係。由此可知，若是跳出「屈辱」的狹隘民族主義來反觀這一歷史問題，我們不得不肯定「和」比「戰」的優越之處。

一榮俱榮，一衰俱衰

紹興元寶

前面講過，宋孝宗的「乾淳之治」與金世宗的「大定之治」為宋金兩朝歷史上最為光輝的年代，而且是南北同興，這在中國歷史上尤為難得。在這幾十年裡，南北兩朝文化交流、經貿往來使得中原文化形成了新的格局，這在之前是從未有過的，顯然值得後世大書特書。

但歷史常常會給人開玩笑。這一切正如我在《布拉格之夜》裡提到的那樣，本來望去是民主的霞光，走進才發現已跌進了專制的峽谷，有些隱蔽的河灣，看似風景絕佳，但卻潛藏著吞噬生命的漩渦。其實不只是昔日的神聖羅馬帝國如此，中國的南宋亦不例外。現在我們回頭反觀，經歷了宋孝宗的治國理政之後，他的接班人必定能在「乾淳之治」的肥沃土壤上有一番作為。

可惜的是，「文景之治」這種父子同興的情況在中國歷史上絕對少見，「英雄無後」這一奇怪邏輯總是在中國歷朝歷代的皇族中上演。譬如劉備的兒子「扶不起的阿斗」，幾乎成了蠢貨的代名詞，而一代梟雄晉武帝司馬炎的兒子晉惠帝司馬衷，卻是舉世罕見的「白癡皇帝」。至於「盡取吳地」的楚威王，則生了一個笨到極點的兒子楚懷王。這種倒楣的事情，結果也發生在宋孝宗身上。

宋孝宗晚年一直不放心的，就是太子趙惇。此人雖為皇子，但卻智商呆笨，並患有精神疾病。宋孝宗為了培養接班人，苦心將其下放到榮州做刺史（相當於市監察局長），結果幹事不力，趕緊調到鎮洮軍任節度使（相當於省軍備司令），做了幾年之後，仍然沒有任何政績，但宋孝宗的大兒子、二兒子都相繼病死，他到了垂垂老矣的時候，身不由己，只有將自己的皇位傳給三兒子趙惇這個笨伯，史稱宋光宗，年號紹熙。

據史書記載，趙惇有嚴重的精神疾病，經常一個人傻笑、發呆。所以一切朝堂大事皆由其妻子李鳳娘做主。李鳳娘是一個沒有大智慧，卻有一肚子小聰明的市井女人，史書上記載她「性妒悍」。趙惇卻對李鳳娘信任有加，甚至連何時向其父請安這樣的事情都向李鳳娘稟報。宋孝宗雖然退位，但卻有著政治影響力，無疑是李鳳娘獨斷朝綱的攔路虎。在李鳳娘的攛掇下，宋光宗竟然刻意疏遠宋孝宗，結果將自己的父親氣死了。

誰也沒有想到，宋光宗這個忤逆的瘋兒子連父親的葬禮都不主持，這一下子氣壞了趙汝愚、韓侂冑等幾位老臣，大家一核計，直接將他逐下皇位，將皇子趙擴擁立為皇帝，史稱宋寧宗。沒過多久，宋光宗這個瘋瘋癲癲的「太上皇」就死在皇宮裡了。《宋史》認為，宋光宗「驚憂致疾」的原因乃是因為皇后「宮闈妒悍」。現在的醫學看來，宋光宗罹患先天性精神官能障礙，屬於殘疾，理應受到社會的同情。

我們看到，南宋在紹熙年間之後走向了衰敗，但與宋光宗一同繼位的金國皇帝金章宗完顏璟卻是一位賢主。在金章宗的統治下，金國徹底從奴隸社會走向了封建社會，大量的奴隸

宋寧宗像

被釋放成為了平民，在一些大的城市裡，原始的市民社會逐漸產生，而且金章宗本人對漢文化頗有研究，在他的力主下，金國貴族開始與漢族通婚，民族融合獲得了進一步的加強。

但值得一提的是，金章宗看到南宋逐漸走向下坡路之後，他本人也放鬆了軍事訓練的要求。金章宗統治時期，金國的軍隊作戰能力大大下降，甚至許多戰士也開始玩起了琴棋書畫，這在之前是從未有過的。金章宗忽略了南宋對它的軍事威脅，北方崛起的蒙古日漸成為了金國與南宋的最大敵人。

因此，金國也在金章宗執政晚期開始走了下坡路。西方東亞史研究學者曾有一種觀點，認為是南宋忽然遇到宋光宗這個傻皇帝之後，一蹶不振，這不但毀了宋朝，也毀了金國，因為曾經在宋孝宗與金世宗執政時，大家都相互搞「軍備競賽」，結果一下子成了「南北同興」的局面，但其中只要有一方歇氣，另外一方也會很快地放鬆下來。這一說法雖然不完全對，但至少也反映了一點：在民族融合、交流已成大局的時代下，「一家獨大」早已不可能，「一榮俱榮」才是民族共同興旺的法則。在當下全球化的視野中，這一歷史經驗仍足以讓我們反思借鑒。

嘉定通寶

「嘉定和議」簽訂之後

前幾年參加一個學術會議，說白了就是跟著一群同行旅行，開會地在開封。

開封的文物市場很出名，在那裡看到了一枚「嘉定通寶」，眼前一驚，趕緊買下。隨行的同行奇怪，開封是宋都城，宋朝的錢幣在開封買到，有啥好如獲至寶的？

其實很多人並不知道，就在南宋嘉定年間，汴梁成為了金國的國都，就這一點來說，這枚錢幣的意義，就非同尋常。

我們知道，宋光宗是個精神病，他是被大臣們趕下來的，等他下臺時，北方的金國也開始走下坡路。但是宋光宗執政五年，南宋也成為了一個難以收拾的爛攤子，剛上臺的宋寧宗曾一度按照主戰派將領韓侂胄的建議，出兵北伐，但這場北伐卻以大敗而告終，導致金人長驅直入南下。這下子宋寧宗當然無法應付，只好按金人的要求，簽訂了「嘉定和議」。

「嘉定和議」基本上和之前的一切宋金條約都沒區別，要歲幣，強調「伯侄關係」，重新勘定疆界等等，唯一差異在於，要求宋寧宗將韓侂胄的人頭送往金國。

這個要求非常屈辱，但是宋寧宗懼怕金人繼續動武，只好同

元睿宗托雷與皇后唆魯禾帖尼

意主和派官員史彌遠將韓侂胄暗殺，割下人頭，送往金國。論輩分，韓侂胄應該是宋寧宗的遠房叔外公，對自己的祖輩幹了這樣的事情，宋寧宗自然氣憤難平。而且許多當朝大臣對此事也頗多不平之聲，認為金人欺人太甚，完全是凌辱宋朝的政治尊嚴。「韓侂胄頭不足惜，但國體足惜」。

金人雖然要求非分，但它本身也處於政治危機當中。新近崛起的蒙古早已將金國的勢力範圍包圍，到了嘉定四年，金國已經無法與宋朝取得聯繫。宋寧宗認為機會已到，決定斷絕與金的歲幣關係，如果還對金國低三下四，明顯是「召侮之端，致寇之本」。因此，用這筆錢發展軍事，蓄勢北伐，才是立國之道。

這個想法讓許多主戰派大臣像打了雞血一樣興奮，認為匡扶宋室指日可待。但有些理性的大臣如喬行簡則認為，斷然不可利用蒙古的力量來抵禦金人，因為在北宋時，就曾意圖利用金人的力量對付遼國，結果遼國一旦滅亡，金人就來反攻宋朝。這次金國被蒙古包圍，又與宋朝有一個名義上的合約，兩者相權衡，不妨聯金抗蒙古。

但南宋與金已經結下了深仇大恨，現在金人被蒙古包圍，對於許多南宋官員來說，有

「豺狼哭我笑」的復仇快感。正在大家舉棋不定之事，嘉定七年，金國遷都汴京。這件事情一下子激起了南宋的公憤。朝堂上開始了一片質疑之聲——金人自己都快完蛋了，還侵佔我們的故都？

可以這樣說，在嘉定年間，無論是宋還是金，都對對方懷著舊仇，誰也沒有想到彼此合作，通力對抗蒙古，而是你爭我鬥。蒙古對金實行了劫掠與打擊之後，

金哀宗像

金國不但不反思如何調整政策，相反還直驅南下，意圖把自己在蒙古人那裡丟失的東西，通過對宋朝的掠奪搶回來。這場莫名其妙的「七年伐宋」戰爭最大的受益方是蒙古，還大大拖垮了金國的實力，使其只剩下二十年壽命，而南宋王朝也奄奄一息，已經走向了經濟、政治崩潰的邊緣。

在「嘉定和議」簽訂之後，宋金之間的關係變得無比惡化。從表面上看，其原因在於金人索要韓侂冑首級這一無理要求，無疑激起了南宋社會各階層的仇恨，使得宋金合作成為了不可能，從本質上看，新近崛起的蒙古力量以及代表著先進政治的成吉思汗，其雄才大略與政治眼光絕非南宋與金的主政者所能企及。事實上，蒙古戰勝南宋、金，也是歷史車輪不可阻擋的大趨勢，南宋與金的覆亡自是歷史的必然，不是哪個人的力量可以阻攔的。

紹定通寶

存亡紹定六年間

縱觀南北兩宋，滅亡的方式幾乎如出一轍。可見南宋的皇帝根本不吸取教訓，重蹈北宋之覆轍。北宋之所以覆亡，一個很重要的直接原因就是助金滅遼。因為自「澶淵之盟」之後，北宋對遼的壓榨懷恨在心，女真部落崛起後，北宋竟然報仇心切，被鬼迷了心竅，要求與金一道，消滅自己的屏障遼國。結果遼滅亡了，北宋的好日子也到了頭。

斗轉星移，到了南宋末年，昔日不可一世的金國成為了昔日的遼，而日漸崛起的蒙古取代了昔日金的北方霸主之位。這時南宋又犯了祖宗的老毛病：決定聯合蒙古，消滅金國，一洗北宋亡國之恨。

這種犧牲自己屏障，而圖報仇之快的做法，在北宋時已經證明了根本沒有意義。作為蒙古而言，它在消滅掉金國之後，怎麼可能還能寬容南宋這個偏安政權？昔日南唐後者李煜曾懇求宋太祖趙匡胤保留南唐這個偏安政權時，宋太祖就曾以一句名言相答：臥榻之側，豈容他人鼾睡？

北宋不能寬容南唐，金也沒有寬容北宋，那麼蒙古又怎麼可能寬容南宋呢？

但在宋理宗紹定四年（一二三一年），宋理宗再也無法忍受「家仇不報」的「窩囊」，終於他在這一年做出了一個直接葬送南宋國運的決定：將南宋的慶元府（今陝西安康）借道給托雷的四萬蒙古兵南下，意在滅金。

紹定四年是南宋走向滅亡的開始。南宋政權如此愚蠢的選擇，對於托雷來講，不啻一個天大的好消息。這次借道給蒙古軍隊提供了一條南下的坦途。次年，窩闊台與托雷會師，在鈞州（今河南禹州）大破金軍，金軍所有主力幾乎覆沒。

這場戰役在歷史上稱之為「鈞州戰役」，在南宋的幫助下，蒙古滅掉了金，掃清了北方的障礙。在紹定四年，中國版圖上形成了兩個對峙的政權，北方的蒙古與南方的南宋。如果從版圖規模來講，此時蒙古已數倍於南宋，如果蒙古繼續南下，南宋將不堪設想。

但是，事實上卻不是「不堪設想」，南宋的統治者可以說是想都沒想，紹定六年（一二三三年）十一月，宋將孟珙、江海率軍二萬、運糧三十萬石，出兵助蒙滅金，與蒙古軍隊一道將金軍合圍蔡州。金哀宗曾專程寫信哀求：「蒙古滅國四十，以及西夏，夏亡及我，我亡必及宋。唇亡齒寒，自然之理」。並以宋金乃結盟之國相求助，宋軍絲毫不予理會，依然協助蒙古進攻金國。

事實上，從宋太祖至宋理宗，宋朝的皇帝鮮有理性面對北方少數民族政權者。近三百年來，宋朝的統治者對於北方少數民族政權一直處於「恐懼加利用」的模式，儘管中間有幾次所謂的「講和」、「互市」等等，但都是利益所驅動，始終未能長期地形成戰略性眼光，擺正心態，採取積極有效的政策，促進中原政權的向心力與凝聚力，形成貞觀之治的「天可汗」氣魄。

在宋理宗執政的期間，使用「紹定」這個年號的六年，其實是相當失敗的六年。在這六年裡，南宋一步步滑向自我滅亡的深淵。在統治者們看來，金國早已脆弱不堪，不如「破牆亂人推」一把，而日漸強大的蒙古則是需要巴結、討好的對象。在做出這個決定的時候，他們似乎忘記了，曾經的遼國是怎樣滅亡的，而他們老祖先建立的北宋王朝，又是怎樣垮臺的。

南宋在宋理宗之後，陷入了災難重重的危機當中。甚至一度成為了無家可歸的「海上政權」，這在中國歷史上相當罕見。後世史學家多苛責於蒙古軍隊的殘忍，認為其將南宋王朝「斬盡殺絕」的做派，實在有失厚道。但宋朝統治者對於遼、金的趁人之危乃至趁火打劫之做派，難道就真的可以登大雅之堂？

前幾年，我在陝西調研，在安康體育場附近的古玩市場上，無意間買到了一枚「紹定通寶」，銅鏽不多，看似見證了陝南大地的滄海桑田。在這枚古錢中，我依稀看到了關於歷史的反諷：五年時間裡，一個虛弱殘敗的王朝覆滅了，另一個威武雄壯的王朝崛起了。順天者昌，逆天者亡，進化論裡沒有特殊優待，這是永遠的真理。

宋朝最後一個皇帝宋少帝陵墓，位於廣東省深圳市南山區赤灣公園附近

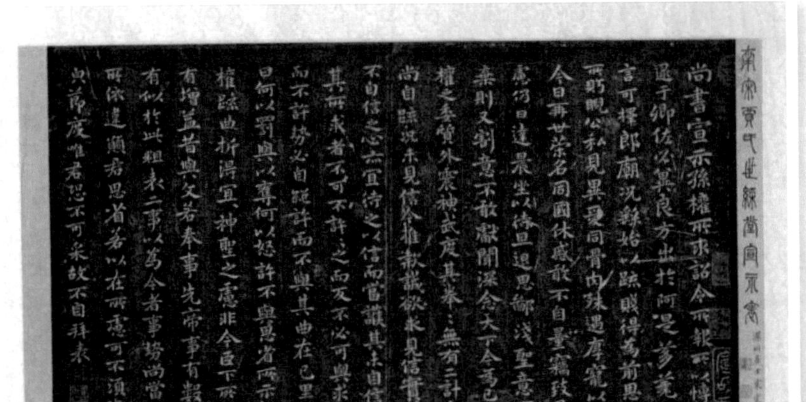

賈似道雖是奸臣，但卻是首屈一指的書法家

「咸淳元寶」的背後

咸淳元寶

不少人知道，南宋最後一個年號是「祥興」，這是宋帝昺的年號，這個年號只用了兩年時間，南宋這個「海上朝廷」就覆滅了，幾歲的宋帝昺也在大臣陸秀夫的主導下「被跳海」，留下大忠臣文天祥，寫下了「留取丹心照汗青」的名句。

但是在宋帝昺之前，宋朝還有兩個皇帝，一個叫恭帝，一個叫端宗，這兩個皇帝在位時間都不長，但是在他們之前的那個皇帝，卻是與他的老祖宗宋光宗齊名的一代奇葩帝王宋度宗——中國歷史上少有的愚蠢皇帝，而且可以說比阿斗、晉惠帝和宋光宗都蠢得厲害。在他執政期間，改年號為「咸淳」（一二六四～一二七四），它雖然不是南宋最後一個年號，但期間所發行的「咸淳元寶」卻一直用到南宋覆滅。文物學家華光普先生曾有精妙論斷：「此（咸淳元寶）為南宋所鑄最後一種年號錢是矣，今所見其後之年號錢均偽」。

但是從生理學的角度來說，宋度宗又是一個非常可憐的殘疾人。他出身卑微，母親是王府的小妾，其母懷孕時，總受正房虐待，甚至被強行灌入打胎藥，結果胎兒沒有打下來，相反還早產降生，但卻愚鈍不堪，到了五、六歲都不會說話，這就是宋度

成吉思汗雕塑

宗。宋理宗沒有後代，就把這個遠房侄子立為太子。

《宋史》吹捧宋度宗「資識內慧，七歲始言，言必合度，理宗奇之」。這簡直是違背醫學常識與語言學的大笑話，一個人七歲才開始學會說話，結果一開口就能井井有條，這是無論如何都不可能的，試問沒有語言的習得基礎，何來語言的表達能力？用現在的醫學觀點看，這明顯就是藥物引發的先天性智力功能障礙，俗稱弱智。

就是這樣一個弱智皇帝，他竟然繼承了大統，管理一個幾百萬人口的國家，可他只有人的基本生存能力——吃喝拉撒玩，卻沒有執政的本事，甚至連基本的漢字都認不全。因此，整個朝綱都交付給了宰相賈似道。賈似道為了控制住這個傻皇帝，竟要求他稱自己為「師臣」，每次賈似道向他行禮時，宋度宗必須要及時還禮。在這樣「國事全托」的情況下，宋度宗也樂得在宮中縱欲玩樂。但是此時南宋政權已經相當危急，元兵幾乎吞併了整個湖北，與臨安城僅隔著一個安徽。

襄陽是湖北的重鎮，元兵吞併襄陽之後，宋度宗依然在皇宮裡與宮女淫亂，這時他忽然看到一個宮女在低頭垂淚，他一下子沒有了興頭，忙問何故？宮女答：自己是襄陽人，聽說襄陽淪陷了，不知道自己的父老可安康？這句話活活把宋度宗嚇了一跳，趕緊找人打開地圖，一看，襄陽離臨安並不算很遙遠了。

他趕緊把這件事情向賈似道彙報。賈似道很奇怪，就問宋度宗消息何來？這個愚蠢的皇帝實話實說，賈似道二話不說，直接把這個洩漏祕密的宮女處死了。

賈似道有著自己的算盤，他想借此機會大權獨攬，將南宋王朝拱手讓給元軍，然後指望元軍封他一個地方諸侯。在宋代，這樣的大臣並不少，劉豫、張邦昌皆是通過此道投敵而榮華富貴的。賈似道自然也希望自己能夠在南宋覆亡之後搖身一變，成為「異姓王侯」。

這是一件多麼可怕的事情，更可怕的是，宋度宗還不知道。

史書記載，賈似道曾悄悄給元朝的大將伯顏寫過一封搖尾乞憐的降書，提出看在自己曾經作為議和大臣與元軍談判的份上，希望伯顏接納願意歸順元軍的他，並請求元軍開恩賞賜。但伯顏吸收了金國覆滅，尤其是宇文虛中的教訓，對於此類叛臣，一概不予錄用。據野史記載，伯顏收到這封厚顏無恥的信件之後，「嗤笑不已」並直接將其「擲入爐中」。

大無畏的藐視只意味著一點：南宋要滅亡了。

事實上，伯顏也正是這麼做的。在宋度宗執政的十年裡，他一路東征，連克多城，最終沿江直下，沿著今天的隴海線直接東進，直抵安慶。沒多遠，順江而下就是臨安城。當然，這個時候宋度宗已經病逝了，而此時離南宋覆亡，已不足十年。

「咸淳元寶」是南宋政權發行的最後一種年號錢，在宋度宗之後，南宋政權已經走向崩潰，國民經濟到了百事不堪的地步，連發行貨幣這一政府的基本職能都已經停滯，經歷了好幾年的戰亂，市場上所流通的貨幣總量竟然還與宋度宗時期一致，這簡直是天大的笑話。而此時此刻的蒙古軍隊已經以摧古拉朽之勢，對苟延殘喘的南宋政權進行風捲殘雲般的打擊，歷史地看，這當然是歷史的進步，而且是不可阻擋的大勢所趨。

一個新的中華帝國，正在慢慢崛起。

也說中統開紀元

中統元寶

一首〈沁園春・雪〉，讓整個元朝在中國歷史上的評價都不高。

成吉思汗沒有在元朝做過一天皇帝，他死於南宋末年，真正開疆拓土成為一代開國之君的，是他的孫子忽必烈。公正地說，元朝並不是一個相當糟糕的朝代，它取代宋朝，必定是大勢所趨，如果任由南宋的幾個傻皇帝胡亂折騰，整個中國就廢了。

記得一個香港學者和我席間聊天，他認為，從秦檜到賈似道，可謂首尾兩大奸臣，其中還不包括以史彌遠為代表的「四木三凶」奸佞集團。一幫搖筆桿子的文臣，在南宋一朝好事難做，壞事做絕，把原本漢唐以來的中原文化變成了臭氣薰天的太監精神，遇敵則軟，遇民則強。如果南宋的亂局一直這麼亂下去，就算沒有元軍南下，也會把歐洲的鐵蹄招來。

是否能把歐洲人招來，這個我不太確定，從歷史地理學的角度來看也不大切合實際，但是南宋卻是中國最糟糕的王朝之一，除了隆興之後有十餘年好光景之外，其餘的年歲都相當荒唐。從生理學的角度看，這是人的基因出了問題。在南方暖玉溫香的環境裡，人的鬥志完全都被磨掉了，無論是皇帝還是文臣，都打上

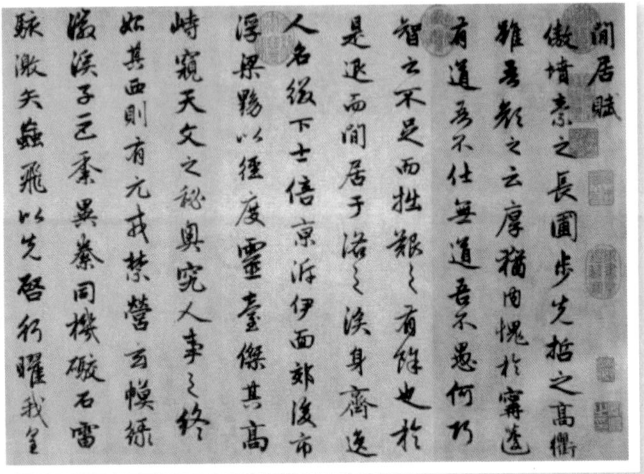

元仁宗時著名書法家趙孟頫書西晉著名文學家潘岳《閒居賦》（紙本，原作藏北京故宮博物院）

了太監的烙印。因此，百來年裡的南宋竟然出了兩個傻皇帝與不計其數的奸臣，以至於到了南宋末年老百姓的賦稅達到了之前五百年的新高，這樣的時代，早點終結當然不是壞事。

元朝以金戈鐵馬入主中原確實值得大書特書。這是少數民族政權第一次從地方政權變身為中央政權，而且統一了中國——甚至大半個亞歐大陸，結束了自唐末以來國家四分五裂的亂象，成為了與漢、唐比肩的中國大一統王朝之一。上下五千年歷史，這樣的王朝能有幾個？就從這點來說，元朝的歷史功績當然不能只用「彎弓射大雕」來描述。

「中統」是元朝第一個年號。在這個年號裡，元朝政權主動對中原文化採取學習的態度，雖然將人按民族分為四等並廢除科舉考試，但他並未將中原文化棄之如敝屣，而是供奉為國家的主流文化。忽必烈建國之後，深知中原文化深邃博大，對鞏固政權、安定民心、凝聚力量有著不可取代的作用。因此，他在年少時就主動邀請漢族儒家學者為之講課，並禮聘這些人為顧問，形成了當時名鎮北方的「金蓮川幕府」。他執政以後，以儒學治國，並聲稱要為「秀才們做主」，任用許衡、劉秉忠等一大批漢族知識份子進入國家決策機構，且資助漢族手工匠、知識份子與劇作家自由創作。

另一方面，他也沒有忘記自己的少數民族身分，他開始在中原地區推行各種蒙古族的文化，如酒文化、騎射文化等等，這些禮儀被作為法令與制度被保留了下來，伴隨著蒙古族音樂、美術、冶煉技術、紡織技術等一道，成為了當時中原文化的「新玩意兒」。在忽必烈的引導下，經歷了南宋頹廢時代的中原文化，重新又煥發出新的光芒。

而且忽必烈在經濟上也是好手。他回收了南宋所有的銅幣，重新鑄造「中統通寶」與「中統元寶」，並發行紙鈔——這是目前我們所能發現的最早的紙幣，穩定了南宋中葉以來飆升的物價，打擊了曾經依靠南宋政權起家的豪強與門閥，大大地改善了中原民眾的日常生活。這些功績，當然被後世所銘記。

前些年我在承德開會，偶然在古董店遇到一枚「中統元寶」，錢幣雖然不如「崇寧重寶」等厚重，但卻反映了忽必烈的雄才大略與治國能力，於是我果斷買下。據說，「中統元寶」存世量並不多，因為當時飽經戰亂，銅嚴重不足，忽必烈只好以銅幣為輔幣，以紙鈔為主幣，這樣才將南宋以來的爛攤子收拾好。種種做派，完全與影視劇裡粗獷魯莽的忽必烈形象相去甚遠。因此，他完全無愧於「一代賢主」的稱號。

元朝是中國歷史上一個承上啟下的時代，上清兩宋之弊，下開明清之源，為中國封建時代的發展起到了無可取代的承接作用，也是中國傳統民間文化藝術重要的形成期，而作為第一個年號，「中統」自有其重要的意義。海外有學者將元朝比喻為中國的神聖羅馬帝國，此說確切否我不敢置評，但至少這兩個王朝都有著積極的時代意義，他們的開創者都無愧於歷史所賦予的神聖職責，這一點是值得肯定的。

「延祐開科」理學興

延祐通寶

通觀元朝，它是歷史的進步，一方面促使蒙古族從奴隸社會走向了封建社會，完成了跨時代的進步與轉型，另一方面為中原文化融入草原血脈而起到了重要的推進作用。但實際上，在元朝統治期間，狹隘民族觀與民族融合之間的矛盾層出不窮，不斷影響著元朝的統治。

在清代學者屠寄的《蒙兀兒史記》中，提到了元朝實行「四等人制」——即按照民族將人分為四等，這是目前有案可查最早關於「四等人制」的歷史記載，而正因此，「四等人制」在中國歷史上臭名昭著，被認為是「民族歧視」的鼻祖。但據歷史學家考證，在元朝的政令中，並無明確的「四等人」提法，只有對漢族、契丹族等非蒙古族人不准提拔至某些機要位置的規定，這是由蒙古族統治者本身的偏限性所決定的，畢竟他們剛從奴隸社會走出，我們當然不能用現在人的標準去要求古人。

知道「四等人制」的人多，但知道「延祐開科」的人少。所以說，我們對於元朝的民族政策實際上是有偏見的。因此，現在反思元朝的民族政策，我們理應看到它積極的一面。儘管它一方面「不以漢人為相」，甚至連平章、達魯花赤等高官也不允許漢人擔任，但另一方面，隨著統治的需要，民族文化不斷交融，蒙古族不斷被中原文化所同化，蒙古族貴族既要努力學習詩書典籍，也要通曉中原的禮儀。在這樣的前提下，漢族知識份子開始逐漸受到元朝統治者的重視。在延祐元年（一三一四年），元仁宗終於宣布「開科取士」——並且將「程朱理學」尤其是朱熹的《四書章句集注》作為「考試大綱」。[3] 在詔書中，元仁宗對於人才的提拔定準了基調：「舉人宜以德行為首，試藝以經術為先。詞章次之。浮華過實，朕所不取」。

此後，經明代直到晚清，以「程朱理學」作為「科舉取士」的標準維持了將近六百年。從這個角度來講，元仁宗做了一件功德無量的事情。在元滅宋之後，隨著科舉制度的取消，使得原本有志於走科舉之路的知識份子，一下子斷了前程，只好改弦更張，有的做民間藝人，有的替人代寫書信，除了極個別學界耆宿一直在以家學的形式保留讀書的傳統之外，只有極少數知識份子也被招入進了宮廷，成為元朝統治者的高層智囊。元朝建政之初，文化、學術與知識在民間的種子幾乎被斷絕，但在延祐年間，又重新開始，功莫大焉。

「延祐開科」相對比較公平，對於色目人、漢人與蒙古人，都是相同人數錄取，只是在評分標準上對於蒙古族、色目人有所傾斜，考慮到蒙古族、色目考生對於中原典籍不熟悉，所以在答題字數、考試科目上，略有減少。儘管如此，我們仍應看到，延祐之後，中原傳統文化獲得了精神賡續，一批漢族知識份子開始在元朝的政治體制內擔任職務。從這點來看，其積極性一面，不容忽視。

---

[3] 據《新元史・卷二百三十四・列傳・第一百三十一・儒林一（序）》中記載，「承學之士，聞而興起，《四書章句集注》及《近思錄》、《小學》通行於海內矣。延祐開科，遂以朱子之書為取士之規程，終元之世，莫之改易焉」。由是可知，是先有《四書章句集注》等書的流行，後才被政府選定為「考試大綱」的。

元朝時的民族政策常為後世所詬病。據筆者統計，無論是國內的教材課本，還是學術專著，或是海外視角如《劍橋中國史》等著述，均頗有微詞。而筆者認為，作為一個剛剛從奴隸社會走出的蒙古族政權來說，元朝的民族政策、文化政策與政治制度，已經相當不錯。用現代人的眼光看，他們當然或多或少存在著落後、愚昧的侷限性，但不管怎麼說，「延祐開科」反映了元朝統治者們的自省意識，也正是「延祐開科」，挽救了元朝的統治危局。

在歐美的中國學研究領域，有一個觀點，認為元朝是中國理學承上啟下的時代。確實，元朝統治者有民族歧視，但卻無文化歧視，尤其推崇理學思想。當然這與其統治的穩定性不無關係，理學裡所滲透出的政治哲學，或正為元朝的統治者所青睞、需要。

在早些年出版過的《大國小城》裡，我曾不無感慨地認為「元朝也是理學發展的一個好時代」。彼時至今已有十年，我之所以發此感歎，乃是正好在福建武夷山，那裡是理學文化的重要發源地之一。更重要的是，就在武夷山下的古玩店裡，我偶得「延祐通寶」一枚，記得那天正在下雨，當時我就萌發靈感，想寫一篇談「延祐開科」的稿件，可惜過於懶散，竟然拖至今日才能借機完成。

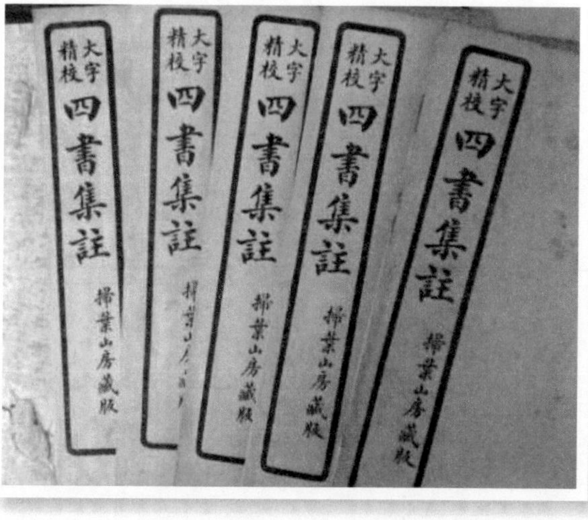

朱熹《四書集註》（即《四書章句集註》），民國十七年（一九二八年）掃葉山房影印版

至元通寶

誰說末帝皆無為？

關於中國人與中國文化，作家林語堂有一個精妙的闡釋，他認為，中國人大體可因為地域分為兩類，一類是北方文化，粗獷豪邁，大江東去，甘肅的馬幫、河南的拳師、山西的關公、東北的綠林、山東的梁山好漢，這些人多半祖上有游牧民族乃至西域民族的血統；而另一類江南文化，則是溫和細軟，小橋流水，蘇州的文人，杭州的歌妓，泉州的茶商，紹興的師爺——他們中間很多人都是西晉皇室南渡的後裔，這些人祖上的血脈都帶著陰柔瀟灑、飄逸俊朗的貴族氣息，與字畫、典籍、詩詞歌賦有著內在的聯繫。

這兩種文化真正的融合，並非是在南北朝的「五胡亂華」時期，而是在元朝。藝術、政治、經濟與生活等等的融合，難以用具體的語言來描述，但有一枚銅錢，卻可以證明這一問題，那就是元朝最後一位皇帝元順帝所發行的「至元通寶」——這枚銅錢上正面的「至元通寶」四個字由漢字所組成，而反面的四個字恰是由八思巴文、察哈台文與西夏文等不同民族的文字所組成。

這樣一枚內涵深厚、頗具意義的銅錢，竟然發行於元朝的末代皇帝——元順帝的統治時期，這不得不讓人對這個末代皇帝刮目相看。的確，在《二十四史》中，得到評價最高的末代皇帝就是元順帝，而且如果與漢獻帝、唐昭宣帝與宋帝昺相比，元順帝真的可以算得上是聖人。以一代天驕成吉思汗立國，以一代明君忽必烈開國，以一代賢主元順帝結束，可見，元朝自始至終都能算是中國的一個盛世。

說元順帝是推動民族融合、時代發展的賢主，這枚「至元通寶」當然只是一個表象，但從下面三件具體事情卻可看出元順帝的過人之處。

首先是「脫脫更化」。我們知道，元朝廢除了科舉考試，讓大量知識份子如馬致遠、關漢卿等人成為民間的劇作家，到了元朝的最後十幾年裡，政府發現人才嚴重不夠用。元順帝遂啟用脫脫為丞相，重新恢復科舉制度，並放鬆了「人分四等」的民族歧視政策，提拔了一批漢族官員，充實了官員隊伍，使得中國傳統文化得以在受到保護的前提下延續發展，史稱「脫脫更化」。從這個角度看，元順帝是有遠見與雅量的。

其次則是「多族修史」。在中國歷史上，多有為前朝修史的傳統，但元朝的「前朝」乃是宋、遼、金三朝，文字、語言、制度頗多不同，考證修史相當困難。元順帝委任脫脫為總裁官，負責修這三朝歷史。脫脫邀請維吾爾族史學家廉惠山海牙、黨項族的余闕與蒙古族的史學家泰不花一道，組成編委會，大家一起聯合工作，在勘訂文字、查找史料等工作上他們都做了傑出的貢獻，為後世保留文獻、澄清史實、傳承少數民族文化起到了積極的意義。

再次則是「至正條格」，這是中國封建時代最全面的法典之一，也是《大明律例》、

《大清律》的雛形。「格千有七百，斷例千五十有九」。可見其涉及門類、刑責之完善，堪稱空前。甚至連選舉、儀制、倉庫、河防、關市等日常生活方面都有具體的條文相對應，並有一千多個案例以供判案時參考。這從另一個側面反映了元代較為健全的法制。

元朝是中國歷史上最強盛、最開放、包容性最強的朝代之一，馬可·波羅前來中國時，曾為元朝的繁榮所驚訝，而元朝政府也授予其「揚州總管」一職——儘管後世的史學家對此頗多疑問，但有一點是可以證明的：這是一個非常開放的王朝，其政府班子裡不但有各個少數民族、漢族，甚至可能還有外國人。這樣一個高效精良、精英匯聚的班子裡，元朝無法不成為中國歷史上開明強盛的王朝之一。

我對元順帝的瞭解，最開始來自於幼年時對彈詞《再生緣》的閱讀，裡面的開明賢能、有情有義、成全人間姻緣的皇帝就是元順帝，可見元順帝在知識份子心中地位並不低。但是他為什麼又會成為亡國之君呢？

在元順帝統治後期，黃河流域發生水災，安徽地區也發生了嚴重的旱災，韓山童、陳友諒等農民起義領袖借「殺韃虜」的名義，發動了大量的災民起來反抗朝廷，而作為少數民族政權的元朝，對於如何應付漢族農民起義並沒有經驗，手忙腳亂中，竟然使得整個國家陷入了內亂的災難之中。歷史地看，這種類似於「義和團」的「民粹加邪教」的暴動，實際上是歷史的倒退，元朝以這種方式草草結束了百餘年的統治，不得不說是一件非常遺憾的事情。

位於湖北省武漢市武昌區長江大橋引橋附近的陳友諒墓

也說陳友諒

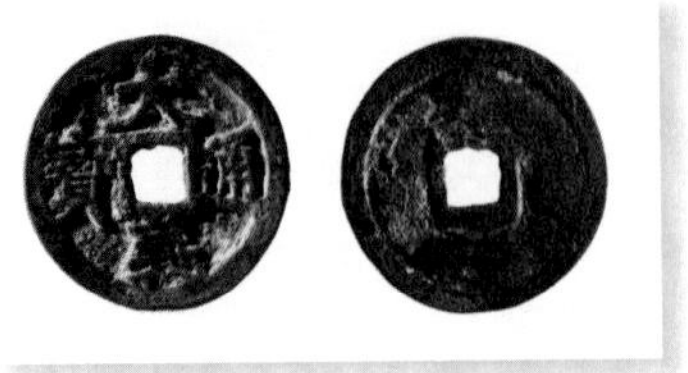

大義通寶

知道陳友諒，乃是金庸筆下的「丐幫八袋長老」，這是個人品爛透的傢伙，不但調戲周芷若，而且陰毒狡詐，最終死於非命，純屬報應。其實歷史上的陳友諒與「丐幫」並無關係，但在歷朝歷代的小說裡，陳友諒的形象都非常糟糕，用現在的話說，是古往今來渣男的代表。而他又恰是推翻元朝的「推手」之一。

前面我們講過一代明君元順帝。元順帝與陳友諒的交鋒，完全是君子與小人之間的對決。儘管元朝起於大漠戈壁，但經歷了百餘年的中原統治，上自皇室，下至大臣，都有了中原人的貴族氣，元順帝更是「常讀詩書、舉止有儀」的翩翩君子，在話本小說裡，他為了追求自己的心上人，甚至開始與一代名姝孟麗君吟詩作賦，其風度不亞於宋徽宗，風流也不遜色於乾隆，是一個有情趣、有品位、有抱負的一代明君。可他偏偏在執政時遇到了各種天災，再加上當時中原漢族對於蒙古族本身有一種狹隘民族主義的排斥，以陳友諒、徐壽輝、韓山童與張士誠等人為代表的農民起義領袖，依靠裝神弄鬼、紅巾白符等一套招數，煽動了大量不明真相的災民，於是將中原地區弄了一個雞犬不寧。

推翻元朝的是陳友諒，但接替元朝的明朝，開國皇帝卻是朱元璋，這很有意思。

之前「讀錢記」裡所出現的年號，都是正統的年號，漢唐宋元一路下來，這篇文章講的是一個野路子皇帝和他的年號，看起來有點奇怪。但陳友諒又是第一個揭竿而起反抗少數民族政權的漢族農民起義領袖，從這個特殊意義出發，自有其可寫之處。

陳友諒算是我的老鄉，湖北沔陽人，就是今天的洪湖，影響一代人的「洪湖赤衛隊」即出自於此，此地幾百年來都是中國農民起義的熱土之一。和洪湖赤衛隊大多數戰士一樣，陳友諒也是漁民出身，他一開始投奔農民起義領袖徐壽輝，但他的勢力強大之後，他第一個除掉的就是收容他的徐壽輝，並自立為皇帝，國號「漢」，年號「大義」。

所謂「漢」，就是匡扶漢族對中國的領導權，即與蒙古族政權對立的意思。從這點來看，就可見陳友諒狹隘的民族觀念，他並非認為元朝統治者荒淫無道，而是因為他們「非漢人」，所以要驅逐掉，然後換上由他所領導的「漢人」來當政。這種「皇位輪流坐」的觀念，也是漢代以來中國農民起義的精神動力。

陳友諒為人狡詐、生活奢靡，而且善於利用別人的矛盾與人性的弱點，來獲得自己的利益。因此他在農民起義的隊伍中很快獲得一幫人支持。但時間一長，就必然眾叛親離。朱元璋的勢力逐漸強大之後，陳友諒的許多部下都歸順了後起之秀朱元璋。元末農民起義很快形成了兩大陣營：陳友諒與朱元璋。

鄱陽湖戰役中，陳友諒中流彈死去。朱元璋清繳其「皇宮」的財物時，發現金銀珠寶有幾大船，甚至還有一張黃金製作的大床，這讓朱元璋非常感慨：一個尚未建國的「土皇帝」，不但生性多疑，為人殘暴，而且竟這樣追求奢靡的生活，乃是名副其實的「人傻錢多」。這樣的軍隊，焉能奪取天下？

「大義通寶」是陳友諒做土皇帝時鑄造的貨幣，發行量不算少，目前市面上能買到真品。這從另一個側面也反映了陳友諒的皇帝夢，他不懂經濟，更不懂政治，在自己的統治區域內橫徵暴斂、濫發貨幣，造成了一人富裕百家哀的悲慘局面。與元順帝的各種新政相比，陳友諒真是一個名副其實的庸人。僅憑狹隘的民族主義就想奪取天下的春秋大夢，註定要走向破滅。

據說，陳友諒死後，他的墓地就在武漢長江大橋武昌段的橋下，這幾乎是我每天開車要路過的地方，但我從來不知道具體在哪裡。有人說，這是武漢唯一的帝王陵。但我認為，歷史上的陳友諒，過大於功，而且也沒有什麼豐功偉績，甚至連亡國之君都談不上。因此，面對他的陵墓，我也失去了瞻仰的興趣。

明太祖朱元璋墓（明孝陵），位於江蘇省南京市玄武區紫金山麓

明太祖朱元璋之墓

洪武之治與五次北伐

洪武通寶

眾所周知，元朝滅亡，並非是因為制度落後、國家窮困與統治者荒淫無道，而是因為連年水災、旱災，以及狹隘民族主義思想的盛行，讓中國大多數有皇帝夢的農民起義領袖們摩拳擦掌，認為時機已到，加上元朝的統治者對付漢族農民起義沒有經驗，面對一個四處農民起義的國家，猶如面對一個全身大出血的病人，統治者先是慌亂地不知道怎麼辦，爾後很快就敗下陣來。

經歷了元末十幾年的戰亂紛爭之後，農民起義軍後起之秀朱元璋在亂局中登上了皇位，是為明朝開國之君，他定都南京，年號洪武。但是元朝並未完全覆滅，而是跑到了北方草原，元順帝建立了一個與明朝分庭抗禮的政權：北元。

這有點像是兩宋時的中國政治格局，北方是游牧民族，南方是漢族政權，最終的結局就是南方被北方所戰勝甚至吞併。遼、金、西夏與元，無一例外。朱元璋不會看不到這個現實，他在剛剛當政的那幾年，就準備起兵滅掉北元，統一全國。

建政之初的洪武二年，朱元璋就讓常遇春、李文忠兩員大將出征北元，攻下上都，元順帝被迫繼續北上。次年，徐達和李文忠又清剿元順帝餘部，俘虜北元大臣數千人。朱元璋對這個戰績相當滿意，因為元順帝也因此憂憤而死。

但是朱元璋並未放鬆警惕，對於北元的餘部，他一直矢志不移地提出自己的「剿匪」策略，並將其作為終身矢志不移的一個事業來做。儘管在整個過程中，出於籠絡人心的考慮，他也發布過一些告示，希望北元的文臣武將能夠投降，但朱元璋仍然固執地採取狹隘的民族主義觀點——他能夠接納的投降者，只有「中土之人」。

在朱元璋執政期間，進行針對北元的大型北伐總有五次，在這樣的重兵壓境之下，北元的軍事力量基本被肅清，這也是朱元璋最為自鳴得意的歷史功績。在這樣的條件下，自然南方經濟獲得了較大的發展空間，大大改善了元末農民起義造成田地荒蕪、經濟破壞的惡劣局面，史稱「洪武之治」。

朱元璋吸收兩宋的歷史教訓，畢其一生心力，對北元採取「斬盡殺絕」的政策，在短期內確實起到了轉移社會矛盾、緩解北方軍事危機的作用。《劍橋中國史》對於這一持續數十年的軍事行動也是褒多於貶，認為體現了中央政府強有力的政治手段。與兩宋相比，朱元璋確實展現出了他雄才偉略的一面，但是，站在今天回望這段歷史，「洪武之治」是否有可反思之處？

首先，朱元璋打擊北元，造成了嚴重的民族仇恨，尤其是其死後永樂年間明長城的修築，強化了封建王朝閉關鎖國的一面。

北元分裂為韃靼和瓦剌之後，瓦剌部落逐漸強大，在明英宗北伐瓦剌時，竟然遭到瓦剌軍隊的俘獲，如果不是于謙急中生智，北宋亡國的慘劇恐怕又要重演。

因此，朱元璋應該主張與北元開放互市交易，以使南北貿易暢通，恢復元代中國貿易遠通歐陸的大格局。因此，對於之前的矛盾，理應一概既往不咎，體現出漢族政治家應有的胸懷。從世界格局來看，明朝正好是西方文藝復興的年代，朱元璋關閉了北方與歐洲大陸的聯繫、斬斷了「陸上絲綢之路」，造成了中國在啟蒙運動上的失落。即使在明代晚期的蘇州、杭州等地產生了黃宗羲、顧炎武與李贄這樣帶有早期啟蒙主義與人文主義特徵的思想家，以及早期資本主義的萌芽特徵，但這種偶然性並不意味著中國的啟蒙運動與西方的一致性。

其次，「洪武之治」在本質上是「中原之治」，連年的戰亂給北方地區帶來了深重的災難。

可以這樣說，從安史之亂至元滅南宋的四五百年裡，中國北方的黃河流域一直是戰爭的重災區。元朝一百年裡，華北地區獲得了短暫的休養生息，但洪武年間的幾次戰爭，讓北方大量耕地荒廢，男丁都強迫服徭役，戰火綿延幾十年，從陝甘地區到遼東半島，兵患不停，給大明王朝埋下了深重的歷史隱患。

我在讀國中時，曾買過一枚「洪武通寶」，當時歷史老師鍾平先生告訴我，洪武年間，朱元璋多次對北元用兵，銅鐵等金屬都用作兵器，以至於沒銅鑄錢，所以錢幣輕薄。因此，時至今日，反省「洪武之治」與五次北伐，我們很難判斷這兩者之間存在著必然性。如果朱元璋能積極調整戰略決策，變鎮壓為懷柔，換一種方式來經營國家，或許整個中國古代史的尾聲會得以重寫，但歷史無法假設，在帝國時代的落日餘暉中，大明王朝就這樣崛起了。

恩威並施話永樂

永樂通寶

明朝趁亂推翻了元朝，但是坦誠地說，在明朝的皇帝裡，能夠和元太祖、元世祖、元順帝這樣的明君相比的皇帝，沒幾個。甚至尖銳點說，明朝有作為的皇帝僅兩人，一個是開國皇帝朱元璋，另一位則是朱元璋的兒子，明成祖朱棣。

因此，明朝民族政策的基調也是由這父子倆制定的。朱元璋奪得天下之後，一直不放心的就是漠北的蒙古殘餘勢力，即北元政權，但他又沒有完全征服北元的能力。所以民族政策也是在武力與懷柔之間搖擺，一會兒征戰，一會兒和談，沒有一個定數，給中原、華北地區帶來了深重的兵亂之災。等到朱元璋病逝時，這個問題已升格為難題，如果不再予以重視，北元政權一旦崛起並捲土重來，明王朝遲早要走宋朝的老路。

及至明成祖稱帝之後，蒙古政權已經一分為三，兀良哈、韃靼和瓦剌。原本鐵板一塊的蒙古政權，開始出現了分裂。這對於明成祖來說，無疑是一個相當好的消息。他決定利用部落與部落之間的矛盾，對於可以招安的部落，予以寬厚的方式團結，而對於怙惡不悛、執意與中央政府對抗的部落，則予以沉重的打擊。

在處理問題上，明成祖實施了三項新政。即「團結多數」、

「打擊少數」與「完善建制」。這三項新政基本上反映了明成祖的民族觀，也為後世處理民族問題提供了重要的歷史與政策依據。

首先是對兀良哈部落的招撫。兀良哈部落是當時中國北方一支重要政治力量。明成祖早年做藩王時，便與部落首領有過交往。一登上皇位，他即致書蒙古各部，希望「遣使往來通好，同為一家」，並以「協助靖難」有功的名義，派遣大臣前去招撫兀良哈部落。果然，兀良哈部落長審時度勢，接納了明成祖的招撫，明成祖在當地設立「奴兒幹都司」，並邀請蒙古族貴族擔任都指揮、指揮、千百戶等官，並可更襲和升遷，這種懷柔的政策果然使得兀良哈部落對明王朝死心塌地，直至明朝覆滅，他們都沒有起兵鬧事。

但是，不是每一個蒙古部落都像兀良哈這樣容易征服，其中就包括瓦剌、韃靼這樣堅決與中央政府對抗到底的蒙古部落，必然會遭到明成祖的打擊。與懷柔相比，用武力征服瓦剌、韃靼則耗費了明成祖一輩子的光陰。

明成祖執政後，多次發兵征討瓦剌，前後用了十二年的時間。瓦剌部落經不起這樣的征伐，甚至明成祖還御駕親征。永樂十二年，瓦剌部落終於決定投誠，向明王朝貢獻了馬匹，俯首稱臣。而對於韃靼的征伐，則有些艱難，朱棣畢其一生心力，都未能解決韃靼這一北方憂患。

明成祖即位後，曾封韃靼首領安克帖木兒為哈密首任忠順王，賜金印，管理哈密。安克帖木兒死後不久，太師阿魯台掌權，開始意圖脫離明朝並建立新的政權。明成祖當然不能接受這種分裂，在他的有生之年，「北伐韃靼」幾乎成了其畢生所追逐的事業，在永樂二十二年（一四二四年），明成祖竟然病逝於北伐的軍營中，享年六十八歲，這不得不說是一件憾事。但在明成祖死後不久，韃靼部落也為明軍所敗，開始對明王朝俯首稱臣。

時至今日，回顧明成祖的民族政策，除卻「恩」與「威」之外，還有一個最關鍵的成功之道，就是頗為理性、溫和的政策。譬如他設立了「四夷館」，專門翻譯少數民族語言文獻，為民族文化交流、檔案保存起到了重要的作用，堪稱最早的「民族語文翻譯局」。此外，他對北方蒙古族的管轄地未派官駐軍，當地內政完全由蒙古族人士自主，形成了「少數民族區域自治」的雛形。可以這樣說，以數百年之後的後世眼光來重新回顧明成祖的民族政策，依然不覺得過時。正是明成祖積極穩健的民族政策，使得明王朝在未來的百餘年裡，可以過上相對安穩的太平日子。

「永樂通寶」是我在大連開會時偶然買到的，它見證了明成祖二十二年治理北疆的艱辛與不易。永樂是盛世，所以永樂通寶在各大城市的古董店裡也不少見，之於大多數人而言，永樂年間乃是《永樂大典》、鄭和下西洋以及北京故宮修建的時代，但試想一下，若無相對恩威並施的民族政策，「永樂盛世」又從何而來？

明刻本《永樂大典》（藏於臺北故宮博物院）

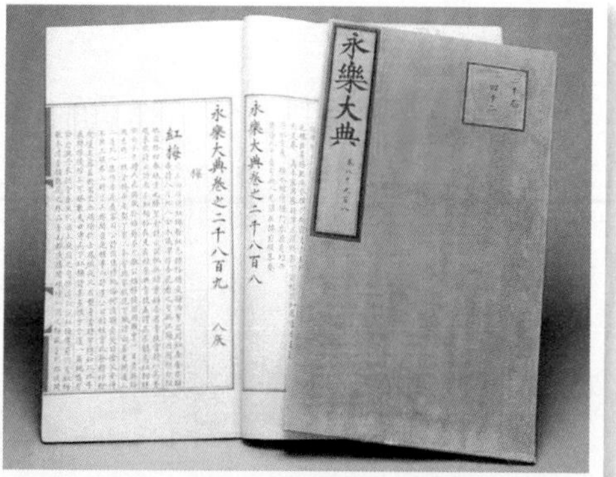

宣德通寶

從「萬全都司」說宣德

明朝的皇帝雖然多數無為，但明朝卻是好玩的年代，由於東西文化交流，資本主義萌芽，物質極大豐富。可以說，明朝的年號是後世最廣為所知的。如宣德爐、成化瓷、景泰藍等等，這些都是工藝品，用古人的眼光看，也都算是「玩物」，玩物發達，無疑反映了明朝社會安逸、守成的一面。

毋庸諱言，元代給明朝打下了相當遼闊的疆域作為基業，從一個大一統的國家手上接手一片江山，比自己親自「化零為整」要好辦得多，社會矛盾也要小得多。因此，明朝的統治者並沒有如唐、宋一樣，去面對讓它棘手的藩鎮割據、意識形態紛爭等問題。永樂帝的民族政策與治國方略，又大大地豐盈了國庫，整肅了吏治，還穩定了邊疆。

因此，作為永樂之後的宣德皇帝（期間還有一位執政一年的洪熙皇帝），可以說是一個「守江山」者。自古打江山難，守江山更難，宣德皇帝當然也明白這個道理。他即位之後，繼承了洪武、永樂兩位皇帝的執政理念，第一步是穩定北部邊疆，讓蒙古族地方政權以及邊疆的蒙古族民眾真正地歸順、服從於中央政權，做到民心歸附、邊疆穩定。可以說，這是自周秦以來，任何一個中央政權的夢想所在。

從這個角度來看，宣德皇帝也力圖在這個問題上做文章。但是他又沒有能力來提出一個新的綱領，他想到了明太祖創立的「衛所」制，他決定在這個政策上下功夫。

「衛所」，顧名思義，就是明朝兩級軍事組織即「幾府之衛」與「一府之所」的並稱。但是它又不是完全的軍隊編制，而是採取「軍民合一」的制度。在宣德皇帝手上，他成立了穩定北方邊防的「萬全都司」——其中包括十一個「衛」與七個「所」，規模堪稱龐大，雖然說是蕭規曹隨的模仿，但卻在不經意間做了一件了不起的事情：「萬全都司」開創了北京地區的政治地域格局，形成了以北京為中心的軸心扇形環渤海防禦地帶。

而且值得關注的是，「萬全都司」在管理地方武裝時，將邊境蒙古族居民亦編入內。這在之前是從未有過的。在這些平戰結合的居民當中，可以說是屯田、作戰兩不誤，應該是現代民兵預備役制度的雛形，並且大大改善了北部邊疆蒙古族民眾的生活品質。誠然，在宣德皇帝看來，真正要想讓邊疆的穩定，必須要依靠這種「德政」才行。

在「萬全都司」治下，宣德年間的華北出現了從未有過的安定與富裕。以首都北京為中心的區域，因為國泰民豐，進而形成了一個成熟的經濟圈，這大大改善了首都的經濟環境。自宋以來，中國的經濟中心逐漸南移，黃河以北基本上處於經濟落後的狀態。而在明代宣德年間之後，這一問題獲得了較大改觀，北方的物產開始在這一片區進行交易，而日趨穩定的社會環境也為當地經濟的發展提供了強勁的消費動力，縮小了與江南地區的經濟發展

今天的萬全城，就是昔日「萬全都司」所在地

差異，這不得不說是「萬全都司」所帶來的積極效應。

近年來，「京津冀一體化協同發展」成為了中國社會的熱門話題，引發了經濟學界、規劃學界與社會學界的廣泛爭論。筆者認為，追根溯源，我們應該從宣德年間的「萬全都司」這一特殊歷史產物中找尋靈感。經濟發展的前提是社會穩定、民族團結，而這一切都必須要切實改善全社會的生活品質，降低社會的貧富分化差異。「倉廩足而知禮節，衣食足而知榮辱」，這句話放在哪個朝代，都不過時。

前些年，在北京念研究生時，在一家古玩店看到一枚「宣德通寶」，欣然買下。拍賣市場上的寵兒「宣德爐」我當然無力購買，但是我認為，「宣德通寶」卻更有意義。因為它見證了明朝中期中國經濟的繁榮——這種繁榮，不是一地一城的繁華，而是真正的共同富裕。

三征麓川與土木堡之變

正統通寶

「千錘萬鑿出深山，烈火焚燒若等閒。
粉骨碎身渾不怕，要留清白在人間」。

這是幾乎所有中國人都耳熟能詳的一首詩，詩名〈石灰吟〉，作者叫于謙，是明朝著名軍事家、政治家，與岳飛、文天祥齊名的愛國忠臣。這首詩被選入了中國大陸官方的中學語文教材，因而家喻戶曉。但于謙的死，則頗值得玩味反思。

談于謙，不得不談明英宗，談明英宗，則不得不談他主導的兩次戰役：三征麓川與土木堡之變，而這恰也是于謙被殺的原因所在。

明英宗這個皇帝，在明朝諸帝中頗有獨特性，因而一直受到海外漢學界的關注。一位在里茲大學東方學系的朋友，曾將明英宗作為個案，寫了篇幾萬字的文章，談他在執政期間的作為。坦率地說，明英宗在執政前期，是一個相當優秀的皇帝，他在太皇太后張氏的輔佐下，任用楊士奇、楊榮、楊溥為相，形成了非常好的政治開局。但是在其執政後期，「三楊」相繼告老還鄉，他在政治上缺乏顧問參謀，於是開始走上了一條歧路。

土木堡位於今天河北省張家口市懷來縣土木鎮，地勢開闊，以農耕為主，是典型的華北鄉村

麓川，即麓川王國，在今天的雲南瑞麗。在宋代時，這裡先後為南詔、大理以及金隴金殿國的管轄範圍，是以傣族、白族等少數民族為主體的地方政權。這一片區風景優美，人性溫和，歷來向中央政府稱臣。早年我寫過一篇散文，叫《大國小城》，專門談到了當時的傣王帕雅真歸順中央王朝的掌故，有一齣白族歌舞劇，叫《南詔奉聖樂》，就是講南詔政權臣服中央，春和景明的盛世景象。

到了明朝，麓川王國崛起，內部派系紛爭四起。一三九九年，臣服明朝並「終生不復反」的麓川王思倫法去世，建文帝擔心麓川王國過於團結，給中央政府帶來威脅，竟乘機將麓川一地分為「五長官司」，分別冊封這些頭人。結果這一錯誤、狹隘的做法，為後來的麓川之變埋下了伏筆。

明英宗即位後，思倫法的兒子思任法代理有名無實的麓川王，他決心要光復祖業，將「五長官司」統一為原來的麓川王國。明英宗聞訊後，立刻派遣人馬，三征麓川。

正統年間的這三場征伐掏空了「仁宣之治」的國庫。眾所周知，明成祖定都北京，即是將國家穩定大局放在北方，對於遠在雲南的麓川王國或其他少數民族政權，自宋至明，中央政權一直的策略都是懷柔安撫，因為它難以構成對中央政權的威脅。明朝舉國大軍壓境，麓川當然抵抗不住。在幾次戰爭中，思任法絕食而死，其子思機法、其孫思陸法與明王朝結下了不共戴天之仇，使得明王朝的西南邊疆開始出現了不穩定，西南各少數民族政權開始民心背離，紛紛宣布與明朝「劃清界限」。

與此同時，明朝真正的肘腋之患蒙古開始趁機崛起。瓦剌部落首領也先開始南征，剛剛結束完「三征麓川」的明英宗，自顧不暇，趕緊又北上「御駕親征」。但此時的明軍戰鬥力已經大大銳減，在北伐過程中，明英宗與勞苦倦極的明軍被困在沒有水源的土木堡之上。堅持一段時間之後，明英宗竟然被也先俘虜，成為了宋徽宗、宋欽宗之後，第三位被北方政權俘虜的中原君主。也先將明英宗作為人質，開始向中原政權「獅子大開口」提了各種條件。

朝中主戰者有，主和者也有。兵部尚書于謙在此時發揮了重要的作用。他為了確保明英宗的安全，遂擁立了明英宗的弟弟朱祁鈺即位，史稱明代宗，年號景泰。著名的景泰藍，便是這個年間的產物。

這一舉動向瓦剌政權表明：明英宗這個皇帝我們不要了，你們愛咋地就咋地吧。

也先萬萬沒有想到，明政權會來這麼一招。他們也不想殺死明英宗，以激化南北矛盾，於是只好索要了一點財物之後，將明英宗放回。

按道理說，明英宗應該念及于謙與其弟的「救駕之功」，但晚年的明英宗卻是一個糟糕透頂的人，他以叛亂之罪將于謙處死，然後又將先去世的明代宗的謚號撤除，並給了一個惡毒的封號，叫「郕戾王」。從「三征麓川」開始的倒行逆施，到後來的種種舉動，明英宗離賢主的形象越來越遠。明王朝就在這歧路之上，逐漸走向了覆亡。海外史學家多認為，亡明朝者，並非北方政權，而是明英宗的誤判敵手，將西南的麓川王國誤認為大敵，結果一招不慎，滿盤皆輸。

十年前，我在雲南的西雙版納，偶然買到了一枚「正統通寶」，「三征麓川」的景象似乎浮現在我的眼前，那是一段悲壯的歷史，但也恰反映了大明王朝無奈的餘暉。

景泰無通寶，一志永流傳

景泰藍

每讀明史，必為明代宗（即明景帝）感到不平。

他是明朝永樂帝之後最有作為的皇帝之一，也是最傳奇的皇帝之一。按道理說，他本是于謙拉出來的替身，即位的過程名不正，言不順。讓他做皇位，乃是挽救敵營的正統皇帝不死。但他執政之後，卻沒有虛君共和，而是在其位，謀其事。天降大任於斯人，斯人亦不負天降之任。

前面有說過，「景泰藍」就是明代宗景泰年間的產物。明朝的三大工藝品景泰藍、宣德爐和成化瓷，目前唯一在技藝上流傳下來的，就是景泰藍。而且景泰藍已經成為了北京城的工藝品典範，不但入選國禮，而且成為了每個來北京遊客的「伴手禮」。

這裡我們不提景泰藍，提另外一件事：《寰宇通志》的編撰。

說景泰藍，幾乎沒有人不知道，但說《寰宇通志》，卻少有人聽說。《寰宇通志》是明代宗執政時期的一大貢獻，從歷史意義上講，甚至不亞於《永樂大典》。

什麼是《寰宇通志》呢？

在明朝，中西方文化開始交流，周圍的少數民族政權也兵禍不斷。作為因亂而臨時執政的明代宗，深知自身的侷限性：對於周圍的環境瞭解太少。而朝中文武大臣，也都缺乏這樣的常識，在沒有一個基本瞭解的情況下，如何處理外事關係、如何處理民族問題？

公正地說，第一個想到這個問題的不是明代宗，而是永樂皇帝。他在位期間，曾經有一個宏大的理想，意圖編撰一本《天下郡縣制》，旨在對全國各地的風土人情、地緣地貌做一個統籌性的瞭解。但永樂皇帝執政時太追求政績，以至於這個項目竟然流產。而且，《天下郡縣制》並不包含周圍的少數民族政權，這也是這個項目的侷限性所在。

明代宗執政後，決定繼承祖業，將這本書編撰完畢。但他的眼光絕非侷限於中原地區的郡縣，而是派遣大臣王重、陳循等三十餘人，對全國各個地區進行普查性考察——甚至包括西南、西北的邊陲與少數民族地區，成書幾百萬字，涉及人口、民俗、山川、河流、風物各門類數十種。這樣的統計確實是前無古人的，儘管其中有許多地方不準確、不精確，史料考據也不確切，但我們必須承認，作為一個「臨時皇帝」，能有這樣的戰略眼光，怎麼能說他不是一位頗有作為的君主？

而且關鍵還在於，這套書由明代宗親自作序，反映了他的民族眼光。他沒有如永樂皇帝一樣，將周圍的少數民族政權擯棄在「天下郡縣」之外，而是將他們都包容在「寰宇」當中，這是一個非常了不起的宏大視野。

但是，有眼光是一回事，實際情況又是另一回事。明代宗也不能僭越他自身的侷限性與視野。譬如在鎮壓苗民起義時，他曾令一位叫方瑛的地方官採取嚴酷手段，「討白石崖賊，俘斬二千五百人」、「克中潮山及三百灘……斬首七千餘」。這自然也激起了南方少數民族部落的義憤，從歷史的角度看，景泰年間的明王朝，也處於風雨飄搖的狀況當中。

我們必須要說明一下《寰宇通志》的結局。正統皇帝後來被放回了，繼續復辟登基，再度成了歷史上的明英宗，在他回來的那一年，年僅三十歲的明代宗暴病而亡。隨後，明代宗的一切政治構想與努力全部被否定，自然，《寰宇通志》這本書成了禁書，甚至被毀版。時至今日，我們看到的《寰宇通志》，依然是殘缺不全的版本。

但明英宗卻做了一件最令人不齒的事情。在他復辟期間，竟然剽竊了《寰宇通志》的內容，將其改頭換面稱為《大明一統志》，並全面封殺《寰宇通志》，這種做法自然在明史上留下了一件醜聞。史學泰斗陳鑾章先生曾評價：「實出於政治上爭奪皇位之需，並非前志不可利用」。

更可悲的是，明代宗知道自己是「代宗」，所以在景泰八年的時間裡，他依然沿用「正統通寶」銅錢。意在隨時期盼兄長明英宗還朝執政，自己不會再鑄錢，所以歷史上永遠不可能有「景泰通寶」這樣的貨幣流傳，這一事曾被載入了《明通鑒》。因此，好幾次我在文物市場上看到仿製的「景泰通寶」，常感唏噓，總能想到令人扼腕的末路英雄明代宗。

沒有「景泰通寶」的明代宗，卻留下了景泰藍，留下了中國歷史上第一部完整的地理通志——《寰宇通志》。這一切，都見證了一位君主的傑出構想，但是在一個落後封建王朝的沉重枷鎖之上，這種構想終究猶如煙花，行之不遠。

明景帝像

從「成化無大器」說余子俊的長城

成化通寶

成化這個年號，在收藏熱的今日，不算生僻。收藏界的人應該記得，三年前拍賣大鱷澳門中信拍賣行以八百萬元的底價，拍賣「明成化鬥彩花鳥紋天字罐」，因價格太高，竟未成交。成化瓷在古玩界的地位，可見一斑。

顧名思義，成化瓷是明朝成化年間的瓷器。「成化無大器」是古玩界對成化瓷的一個定義，成化年間資本主義萌芽，士農工商各階層普遍進入了「玩物時代」，燒製出的瓷器，也都小而精緻，在細節上競相媲美，爭奇鬥豔。

但值得一提的是，成化年間卻不是盛世——北方的少數民族政權對中原政權虎視眈眈。被放出的明英宗已經病亡，即位的成化帝（即明憲宗）朱見深並無甚建樹，既談不上是雄才大略之一代明君，也算不得糟糕透頂的桀紂之流，用平庸二字來形容他並不過分。在他執政時期，唯一做的一件好事，就是應滿朝文武的要求，給景泰皇帝與于謙平反。但是，成化帝卻是一個「玩中高手」，方術、字畫、音律，無一不愛。

上樑不正，則下樑歪。成化年間，江南文化走向了繁榮與勃興，以瓷器、金石、品茶、字畫為核心的「玩」文化盛行，與此

長城

同時，南曲流行於蘇州一帶，是為後來昆曲出現的前奏。因此，「成化無大器」這一說法，既可以用來形容成化瓷，也可以比擬成化年間的朝政與民風，舉國上下玩物喪志，朝野內外皆無大器。

在這樣的語境下，金戈鐵馬的北方游牧民族一旦南下，明英宗被俘的一幕，恐怕還要上演。

可是，「土木堡之變」的遺恨還在。成化帝雖然愛玩，但他也不想國破家亡，自己成為俘虜並客死異鄉。今日繁華，更不應該忘記他日眼淚。因此，他做出了一個決定：重新修築並加固長城，提防北方游牧民族南下。

這個觀念本身就是錯誤的。北方少數民族政權強大，那麼作為皇帝，成化帝就應該積極找出自身的不足，趕緊迎頭趕上。或是效仿唐高宗李治，積極與北方少數民族互市，結成朋友，互惠互利。但是成化帝卻沒有，他想到的當務之急是：修築一道牆，我在北京城玩我的，你在長城以北玩你的，咱們井水不犯河水。

在一個君主集權時代，皇帝錯誤的思維，必然會帶來錯誤的政策。無論是天時地利人和皆不備且自己一念之差的古羅馬皇帝奧勒留，還是做事狠毒陰辣的古埃及托勒密王朝女皇克莉奧佩塔拉，他們都因為錯誤的思維，而做出了錯誤的決定。古今中外，概莫能外。

這個任務交給了西安知府余子俊，他從成化七年受命開始，一直至成化帝病逝，他一直承擔這項工作。而且此人精通土木建築學，他修築的長城工事結實堅固，也就是我們今天看到的長城。

因為修長城有功，他被提拔為兵部尚書。讓一個會修工事的人做國防部長，這個王朝離覆滅的日子，還會遠嗎？

成化二十一年，余子俊向成化帝提了一個建議，將所有長城連起來，變成一條千里長城，東起四海治，西抵黃河，共計一千三百餘里，城墩一百七十座。給皇帝的奏摺裡，余子俊說得很清楚，修長城可以保證國家永遠安寧：「一日成功，一勞永逸」。

可見，成化帝與余子俊的思維是一致的：我不會與你北方少數民族政權來往。而且為了防止你們和我們來往（包括互市與正常的文化交流），我修了一道最大的牆。我們不出去，你也別進來。

景德鎮出土成化官窯瓷器展（二〇一四年，深圳博物館）

余子俊埋頭瘋狂修築長城的年份，是一四八〇年，這也是歐洲文藝復興的年份，就在這一年，葡萄牙波爾圖地區的一個騎士家庭，一個嬰兒出生了，他的名字叫費迪南・麥哲倫。從他開始，人類進入了「地理大發現」的全球化時代。

當然我們不能奢求成化帝有這樣的視野，但他僅僅只是面臨北方少數民族政權，卻表現出這樣的閉塞，這是一件讓人特別遺憾的事情。一位網友曾這樣描述余子俊——「他特別像卓別林喜劇裡那個擰螺絲成了狂的工人，不管看到什麼都會去擰，而余子俊是不停地砌牆，就像一個電腦遊戲中的小人，一不小心它就把整個螢幕都砌滿了」。

但我認為，余子俊其實就是成化帝的人格投影。沒有成化帝閉塞的想法，會有余子俊嗎？

成化年間曾發行過一種銀幣，也叫「成化通寶」。現在看來，確實是「無大器」的最好表現。它不但非常精小，而且字跡猶如小學生練筆，貽笑大方。與唐宋時的「崇寧重寶」、「開元通寶」相去不可以道里計，完全可以窺得成化年間的政局顢頇到何種地步。

讀錢鑒史，一幣觀世，箇中趣味也在其中。

弘治中興說清真

弘治通寶

明朝皇帝執政能力有好有劣，但總體來講，都很平庸，既無大奸大惡之人，也沒大智大勇之輩，但生不逢時，明朝是一個傳統與現代交錯的時代，可惜這些執政者們並沒有及時抓住機遇，這是後世史家對明代朝政的一個總體評價。有作家曾評價崇禎皇帝「有道無福」，我認為，這個評價用在明朝其他皇帝身上，也貼切。

昏聵的明憲宗亡故之後，將一個破敗的山河交給了他的兒子明孝宗弘治皇帝。這是一個被萬里長城包圍著的國家，舉國上下，聲色犬馬。可以這樣說，弘治皇帝即位時，是有些驚慌失措的。北方的少數民族氣勢洶洶，雖然長城將他們隔在了關外，但是他們要是想南下，並非是不可能的。而朝政又被東西廠的太監們所把持——這也是明憲宗在駕崩之前留給明孝宗的「政治遺產」。

要說明孝宗是一個明君，我絕對不相信，也不符合歷史事實。只能說，土木堡之變給整個明王朝以沉重打擊，使其朝野上下驚恐萬分。北宋覆亡之鑒不遠，這次他們只是僥倖地因為于謙與明代宗的政治策略讓明憲宗沒有死在漠北，要論真刀真槍，明

王朝豈是漠北少數民族的對手？

一言以蔽之：再不革清積弊，整個明王朝非倒臺不可。

與其說明孝宗有抱負，倒不如說他怕走他爺爺明憲宗的老路，這是明孝宗即位之後做出一些改革策略的初衷，譬如對宦官亂政的制止，對一些貪官汙吏的懲處等等。加上執政的那幾年裡，確實風調雨順，算是收成年，被當時的史家稱之為「弘治中興」。

但是，他仍然無法扭轉乾坤，明王朝覆亡的腳步聲，陣陣逼來。

就在他即位的第一年即弘治元年（一四八八年），陝西鳳翔府爆發了大規模的回民暴動，鳳翔府地處北部邊境，經濟落後，戰亂不斷，而且明憲宗舉全國之力，拉民夫修長城，陝西成了重災區，導致當地回民民不聊生，官逼民反。明孝宗即位之後，第一件讓他頭疼欲裂的事情就是這件。

回族是元朝逐漸形成的一個新的少數民族，血統混雜，是民族大融合、大遷徙、大交流的結晶。當中既有「蔥嶺以西、黑海以東」的西域少數民族血統，也有漢族、傣族、畏兀兒族等其他民族的血統。元代的統治者認為他們與古代的回鶻以及回紇民族有先承後續的關係，所以稱其為「回回」，也因其為「各色名目之民族」的混合，稱其為「色目人」。

到了明代，回族這個新的民族逐漸形成，有了自己的信仰、文化與生活方式。由於元朝統治者實行「四等人制」，「色目人」相容了各種文化基因，被元政府任用為社會的管理階層，如負責徵收稅賦、管理城市之類。朱元璋不但認同於色目人的血統，要求色目人必須與

弘治年間著名畫家沈周的代表作《溪山行旅圖》（絹本，原作藏於紐約布魯克林博物館）

其他民族通婚。在法律文書上規定：「色目人氏，既居中國，許與中國人家結婚姻，不許與本類自相嫁娶」。而且，朱元璋還「引進」了伊斯蘭教，循序漸進地來替代回族之前的信仰「明教」即波斯摩尼教，並修建了南京淨覺寺，以供回族人士進行宗教活動。

歷史學家吳晗認為，朱元璋建立「明朝」，即受「明教」啟發，可見其對朱元璋的影響力，在朱元璋的推動下，「色目人」進一步與漢民族融合，吸收了漢族的文化傳統，使其更加發展壯大。由於朱元璋積極的民族政策，使得後世學者如周有光先生甚至認為朱元璋本人就是回族人。這一對民族融合的推動政策，反映了特定時代的政治需求。但是明朝的皇帝並非都有朱元璋這樣的視野與胸懷，能夠真正地認識到一個民族的興起並對其予以寬容。即使眼光開闊如明代宗，他也沒有在編撰《寰宇通志》時，對回族有所介紹。

但是，陝西的回民暴動讓明孝宗開始認識這一問題。他開始實行積極的民族政策，在弘治年間，他對回族聚居區進行開明的扶持政策，興建了不少的寺廟，將其命名為「清真寺」，以供回族人士進行宗教活動。其中最有名的就是對北京廣安門內牛街清真寺禮拜堂的重新裝修，使其成為北京地區回族人士進行宗教活動的重要場所。

「清真」一詞古已有之，但在明孝宗的推動下，很快波及全國，對回族文化的形成產生了重要的影響。甫一開始時，「清真」一詞的內涵時常被人混淆，如弘治二年（一四八九年）重修的河南開封猶太教堂也命名為「清真寺」，但這證明了「弘治中興」對回族文化的形成意義，如果後世非要給「弘治中興」做一個定義的話，我認為這一方面是斷然不可忽略的。

多年前在甘肅的文物市場，買過一枚「弘治通寶」。自明代起，甘肅就是回民聚居區。因此這枚「弘治通寶」也有了特殊的文化意義。時至今日，每當我看到這枚鏽跡斑斑的銅錢時，總能想到明朝後期民族融合特別是回族文化形成的那段歷史風景。

一錯百錯失澳門

葡萄牙侵佔澳門之地圖

〈從「成化無大器」說余子俊的長城〉發表後，有讀者聯繫我，問我一個問題：余子俊修長城時為一四八〇年，但明亡於一百六十多年後的一六四四年，之於一個朝代而言，一百六十多年不算短，甚至有的朝代還沒有一百六十年的壽命。我們如何能夠因為余子俊的長城就推斷出明朝氣數將盡？

這個問題問得非常好。一個王朝的興亡，並非由某個具體的戰役、事變而決定，而是由具體的國家政策與其所處的格局所決定。前面已經說過，明朝中後期，是世界全球化的早期時代，西方的大航海的桅杆已經逐漸遠航，而明王朝依然沉浸在「築牆」的政績中，沾沾自喜。無怪乎有史家認為：「明非亡於崇禎，而是亡於萬曆及以上也」。

築牆，不但是成化年間的一道政治風景，而且成為了成化之後明王朝的一項「基本國策」。在成化之後的正德年間，「築牆」運動一浪高過一浪。防範北方游牧民族的南下，幾乎成為了明代中葉政治的主旋律。在正德年間，因為關閉了南北互市、交流的管道，北方游牧民族確實多次南下騷擾，正德八年，北方游牧民族「統兵數萬，連營數十」導致「京師戒嚴」。

明武宗朱厚照

北方如此，南方也不安寧。正德年間，廣西的瑤族、苗族起義風起雲湧，正德皇帝實在疲於應付。南方幾次大的少數民族起義，終於讓正德皇帝的接班人嘉靖皇帝痛下決心——為了防止南方少數民族北上，乾脆在南方（湖南鳳凰）也修一道長城，經歷了三位帝王的苦心經營，明王朝終於成為了「圍牆裡的政權」——這是下一篇將關注的話題，此處按下不表。

正德皇帝是一個名副其實的救火隊員，北有游牧民族南下，南有苗、瑤義軍北上，讓他不堪其擾。但是他依然沒有想到，民族治理的根本不在於「堵」而在於「疏」。十六世紀，西方已經逐漸進入了早期資本主義時代，全球化的市場正在醞釀中，而中國的中原政權與少數民族政權「通有無」的程度，尚不如千年之前的漢代，這難道還不算是亡國之兆？

實際上，災難正在步步逼近明王朝。正德六年（一五一一年），葡萄牙殖民者入侵東南亞，佔領新加坡及其附近地區，斬斷了宋代以來中國的海上貿易。按理說，這完全應該讓正德皇帝警醒，但他依然故我，將主要精力放在如何「築牆」這一件自我封閉的事情上，幾乎投入到了忘我的地步。

明初統治者曾實行閉關鎖國的政策，嚴令「片板不許下海」，正德年間這一政策尤甚。但由於國防支出都用於長城的修築以及對付少數民族政權的軍事行動，以至於海防支出捉襟見肘。漳州、泉州兩海防要塞的軍糧長期「缺支」，軍心嚴重不穩，裝備也極為落後。

當西方世界進入海洋時代的時候，明政權還在長城之下酣睡，對於荒廢的海防置而不問。這樣的王朝，就算還有一百多年氣數，也是死而不僵的百足之蟲。

殖民者從來不會同情一個靠砌牆來滿足心理安全感的封建大國，在佔領新加坡之後，他們第一件事就是北上。正德十二年（一五一七年），葡萄牙人因特李特兄弟率船隊炮轟廣州城，與此同時，另一個葡萄牙殖民者馬斯嘉林哈則率領商船在泉州、福州、寧波等地掠奪當地物資和財富。在全球化時代下，中西方的接觸，是以戰爭為起點。

經歷了多次騷擾、勘察之後，葡萄牙殖民者終於選擇澳門作為其「駐紮」之地，在正德十六年、十七年兩年間，葡萄牙殖民者多次率船隊來騷擾屯門（今香港新界）和澳門地區，雖然屢次被明朝海防軍擊退，但殖民者也窺得了明王朝的本質與實力。澳門落入葡萄牙之手，只是早晚之事。

明政權失去澳門，開啟了中國淪為半殖民地、半封建社會時代的先河。而這種錯誤，無疑該由明王朝的統治者負責。正德皇帝之顢頇，在對葡萄牙的問題上可見一斑。譬如葡

作者在澳門街頭

萄牙殖民者登陸之後，為了遮蓋自己的體貌特徵，並討好明統治者，將自己裝扮為穆斯林，結果被廣東地區的穆斯林信教群眾一眼認出，他們只好說實話，稱自己是「弗朗機人」。正德皇帝知道後，甚至不問「弗朗機」為何方國家，還擺出一副「天朝上國」君主的姿態，吩咐當地官員好吃好喝接待，贈送了盤纏與禮物。甚至還要求一名叫佩雷斯的殖民者「進京面聖」。這個葡萄牙浪人也算藝高膽大，大大方方地進了皇宮，還送給了正德皇帝一把火銃作為見面禮。把正德皇帝高興壞了，一番好言安撫，還給了他一筆銀兩。只是佩雷斯出宮以後，不但沒有回國，相反跑到中原地區做起了情報探子，被當地政府抓住，流放到西北去了。

正德年間未鑄錢，因此正德通寶也多為清初南明舊臣仿製。據野史記載，正德年間，政府將金屬盡數掠去製作兵器，用來對付南北兩邊的少數民族政權，甚至連鑄錢的銅都不夠用了。但正德皇帝又不能不鑄年號錢，只好鑄了一枚正德通寶，作為紀念幣放在宮中，現在早已遺失。無論如何這都證明了，正德皇帝由於對民族政策的一錯百錯，使其淪為葡萄牙這一西方列強瞄準的對象。

但誰也沒有想到的是，這一瞄準，就是幾百年。

嘉靖的煉丹與北方的互市

嘉靖通寶

早些年有一部電視劇很火，叫《大明王朝一五六六》，這部電視劇講的就是明朝嘉靖皇帝，他是明朝中晚期一位頗有知名度的帝王。在中國乃至世界歷史上，許多帝王有知名度並不在於其大名鼎鼎，而是在於其臭名遠揚，嘉靖無疑就是後者。

嘉靖即位之初，還想重振旗鼓，做一番事業。但此時的明王朝，早已是一片歌舞昇平，舉國上下猶如沉浸在煙花柳巷裡的浪蕩公子，玩物不但玩喪了志，還脫了形。嘉靖皇帝登基不久，就發現了一個好玩的東西：煉丹。

昔日之煉丹，猶如今日之吸毒。煉丹的終極目的是「練得身形似鶴形」，用現代醫學的角度看，這就是吸毒晚期的症狀：整個人瘦削不堪，腿細如鶴腳，離死也就一步之遙。嘉靖皇帝在宮中，對這自奔死路的做法，一路追逐，甚至長年不早朝，將朝政全權交給大貪官嚴嵩，自己一個人躲在後宮瘋狂吸毒。用今天的話講，嘉靖皇帝這叫作死。

常言道，不作死，不會死。嘉靖是一國之君，他死事小，明王朝眼看就要覆亡，這才是大事。只是明王朝的覆亡，又和邊疆少數民族政權有關。

嘉靖皇帝像

明朝自「土木堡之變」以來，高築長城，與北方少數民族政權澈底斷了聯繫。長期以來南北交易的北方少數民族，忽然無法通過邊境購買自己所需要的東西。一下子慌了神，部落首領俺答汗多次寫信給明朝的守將甚至皇帝本人，但都被一一拒絕。

嘉靖二年（一五二三年），忍無可忍的俺答汗開始進攻北部邊境城市大同，但遭到明王朝的嚴酷反擊。在嘉靖執政的四十餘年裡，俺答汗及其北方少數民族政權多次南下，以武力迫求明王朝開通邊貿。但嘉靖皇帝皆不容許。

在嘉靖執政期間，中國氣候苦寒，北方少數民族多有凍死、餓死者。著名氣象學家竺可楨先生就曾如是論述這一問題：「一日氣候變冷，游牧民族勢必南下，爭奪新的生存空間。這已是一個歷史的規律」。但嘉靖皇帝絲毫無惻隱之心。「普天之下，莫非王土，率土之濱，莫非王臣」的大一統觀念不知哪裡去了——而且，俺答汗當時是明王朝的臣服政權，給嘉靖皇帝寫信時，均以「臣」自稱。

譬如俺答汗在給嘉靖皇帝的一封信中寫得情真意切：「臣等生齒日多，衣服缺少……各邊不許開市，衣用全無，氈裘不耐夏熱，段布難得……邊外野草盡燒，冬春人畜難過」。

在嘉靖執政的四十多年裡，北方少數民族政權因為要求邊貿互市，哀求中央政權三十餘次，但無一次獲得答覆。請看史書是怎麼記載的吧——「（北方軍隊）至延綏，聲言入貢買賣」、「四月，俺答挾眾欲入貢」、「俺答阿不孩遣使款塞求貢，詔卻之」、「俺答、阿不孩遣使款大同塞，巡撫都御史龍大有誘殺之」、「俺答款大同塞，邊將殺其使」、「使者保兒賽入求貢，被殺」……

據筆者統計，這樣的話語在《明史》以及《萬曆武功錄》裡不勝枚舉。君視臣如寇仇，也怨不得臣要造反了。嘉靖皇帝因為要不斷平息北方的騷擾與戰亂，耗費了大量的人力、物力與財力，嘉靖之後，明王朝已氣數將盡，奄奄一息了。

美國漢學家賽若（Henry Serruys）在《明代的中國和蒙古：關貿與歷史》（*The Mongols and Ming China: Customs and History*）一書中認為，「明蒙之間的戰爭主要是經濟原因所致，只要明蒙之間能保持最低限度的經濟貿易關係，就可以避免蒙古大規模的入侵和搶掠，而明朝卻常常給這種經濟交往賦予政治意義」。今日重新回顧這段歷史以及這段評價，仍然有著非常難得的啟發價值。

俺答汗像

據說，古錢幣界有一句話，叫「北無嘉靖」一說，即因為明朝嘉靖年間時，南北不互市，東北地區較少看到嘉靖通寶，說來也奇怪，幾年前我恰在丹東的古董店裡看到了一枚「嘉靖通寶」，這不得不說是一件有趣的事情。後來查歷史書發現，在嘉靖年間，曾經有一兩年時間開放了南北的馬市，但可惜嘉靖皇帝心胸狹窄，擔心北方借機南下，於是又草草地將其關閉了，這枚「嘉靖通寶」，或許幸運地見證了北方少數民族那段不幸的歷史。

從「隆慶和議」說起

隆慶通寶

在世界歷史上，總有一些巧合。

十七世紀的英國，詹姆士一世橫徵暴斂，實行專制高壓，國內矛盾一觸即發。其子詹姆士二世即位，這位頗有才華的皇帝，採取懷柔的辦法，意圖緩解社會矛盾。但大勢已去，資本主義浪潮不可逆轉，最終，儘管有抱負但沉溺於女色的詹姆士二世被剝奪了王位，「光榮革命」由是爆發。

在十六世紀的中國，昏聵的嘉靖皇帝駕崩後，將他的爛攤子交給了自己的兒子朱載坖，國內民怨沸騰，貧富分化嚴重。貧困者食不果腹，無家可歸，而富裕者則品茶煉丹，聽曲唱酬。遠觀祥和一片，近看危機四伏。

前面我們講過，嘉靖皇帝無數次拒絕了北方游牧民族政權「互市」的請求，導致北方邊境相當不穩定，他只好將國庫的銀兩全部拿出來修築長城，鞏固北方邊防。結果北方鞏固了，南方的苗民又起義，「南方長城」這種千古奇葩的建築便是嘉靖皇帝的絕世發明，其實嘉靖皇帝並不知道，就在離南方長城並不太遠的南中國海，已經開始有外國人活動的蹤跡，而華南重鎮澳門已經成為了「冒險家的樂園」。

常言道，屁股決定腦袋。坐在北京城裡的皇帝，當然只顧得上北方邊疆的事情。因此，剛剛即位的朱載垕必須要面對的就是「南憂北患」這一問題，更改年號為「隆慶」的他擯棄了其父「築牆」的思維模式，開始著手修繕和南北少數民族的關係。在他執政期間，他同意與北方少數民族互市，並封俺答汗為順義王，官方、民間的邊貿交往由是打開。這是一件非常了不起的事情，明政權與北方少數民族政權的「通貢互市」結束了南北兩邊數百年的對立局面，這個和議，被稱之為「隆慶和議」。

可以這樣說，隆慶帝還是一個有想法的皇帝，他雖然和他的父輩、祖輩一樣平庸，但他卻不是顢頇昏聵之人，他想做一點事情，一是為自己立功立言，二是緩解明王朝的執政危機。「隆慶和議」的簽署，無疑是有積極意義的。

南北互市之後，明王朝北方的邊防壓力解除，國庫的儲備逐漸豐盈。隆慶帝因勢利導，開始對南方的苗民進行安撫，減免貴州、湖南兩地的苗民的徭役。很快，南方也安定了下來，在明王朝即將崩潰的後期，竟然出現了這樣的「盛世」，有學者認為，這是明王朝的迴光返照，也有人認為，這是隆慶帝開明積極的政策所導致的。

在民族政策開明的基礎上，隆慶帝打開了「海禁」，將明朝「片板不能下海」的法令廢除了，史稱「隆慶開關」。這南北的貿易一打開，整個明王朝為之一振，彷彿還真有了一點「盛世」的氣魄。

在隆慶帝執政的六年裡，因為採取積極的少數民族政策，並能有一定「放眼世界」的能

隆慶皇帝像

力，所以當時成為了世界貿易的中心。據統計，當時全世界百分之三十多的白銀都流入中國，幾乎全世界一半的貿易，都與中國有關。

我們知道，隆慶帝執政時，世界已經進入了早期全球化時代。當時的世界經濟，不再是一國貿易，而是全球不同國家的貿易往來，這也是後來資本主義社會形成的物質條件。有後世史學家認為，隆慶帝的這一舉措，甚至可以讓中國成為世界上最早實現資產階級革命並建立資本主義制度的國家，因為在當時來講，全世界只有中國有「一呼百應」的能力。

這是積極的民族政策所帶來的連鎖反應，「隆慶和議」之後，明王朝的發展進入了快車道，開明民族政策成為了一切利好的前提。但可惜的是，執政不足六年、年僅三十六歲的隆慶帝，病死在宮中了。據野史記載，隆慶帝雖然有眼光、有氣魄，但卻長期沉溺於女色，最終因為縱欲過度而英年早逝。

與詹姆士二世不同在於，尚未等到中國的「光榮革命」發生，剛剛簽完「隆慶和議」並開放「海禁」的隆慶帝就已經病逝了。我個人認為，隆慶帝執政的五年多時間裡，中國社會發生了較大的變化，但是要說資本主義能發生在中國，我還真不敢苟同，因為中國既沒有人文主義思想家，也沒有經歷過基督教時代，哪裡會有供資本主義生根發芽的土壤呢？

多年前在澳門旅遊時，竟然在當地的古玩店裡買到了一枚「隆慶通寶」，真可以用大喜過望來形容，老闆要價頗高，讓我把買球桿的錢買了一枚古幣。當時的我透過這枚硬幣的方孔，似乎可以看到隆慶年間浮世繪一般的歷史風景。

南方長城

萬曆通寶

也說「萬曆三征」

著名學者黃仁宇先生曾寫過一本書，叫《萬曆十五年》。這本書雖然是學術書籍，但在中國大陸相當暢銷，據說不止一家出版社出版過，而且印了好多次。

「萬曆」是明神宗朱翊鈞的年號，萬曆十五年，即西元一五八七年。萬曆這個年號，在中國歷史上相當出名，海內外學者都喜歡將其作為一個對象來研究。這大概是幾個原因造成的：一是明神宗執政相當長，總共四十八年，近半個世紀，是中國歷史上在位時間最長的君主之一；其次，明神宗逝世之後的二十四年，明王朝覆滅，不難看出，明神宗有不可推卸的歷史責任；最後，萬曆年間，是中原王朝與邊疆少數民族政權以及西方世界互動最頻繁的歷史階段，這四十八年不僅改寫了中國歷史，也是世界歷史中相當重要的一個時期。

歷史學界一般把萬曆年間分為兩個階段，一個是「張居正時代」，一個是「後張居正時代」。張居正時代是明神宗執政的前十年，而往後三十年則是張居正逝世之後，明神宗親政的三十年，這裡主要談的並不是張居正的變法，而是萬曆十年之後的明王朝。

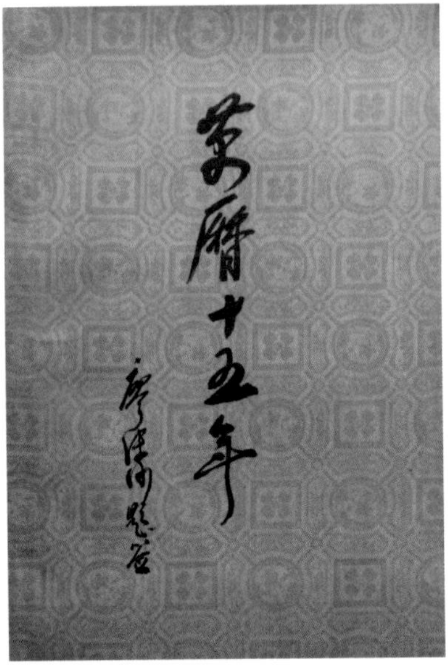

黃仁宇先生的《萬曆十五年》於一九八二年被傳入中國大陸以來，迄今已有三十餘年，累計銷量近百萬冊

前面講過，隆慶年間明王朝呈現出短期的繁榮，因為民族政策的和諧與海上貿易的興起，短短五六年的時間裡，給明王朝聚集了大量的財富，這些財富也是促成張居正變法的物質基礎。

張居正變法之後，整個明王朝雖然顯示出了一些起死回生氣數，但是在大局上面已經江河日下。但是生性懶惰的萬曆皇帝根本無法注意到這一點，他也只好睜一隻眼，閉一隻眼，或是死馬當作活馬醫。就在明神宗執政的三十年裡，他還進行了三次大規模戰爭——其中兩次是針對少數民族政權。儘管這三次戰爭雖然都戰勝了，但卻幾乎掏空了他父親隆慶皇帝與張居正留下的財富，使得明王朝在今後面對建州女真的南下與李自成農民起義時，幾乎無抵擋之力。

這三次戰爭分別是平定蒙古人哱拜叛變的寧夏之役、抗擊日本豐臣秀吉政權入侵的朝鮮之役與平定苗疆土司楊應龍叛變的播州之役。除了「抗日援朝」的戰爭之外，其餘兩場戰爭，一場是針對北方少數民族，另一場則是針對南方少數民族。而這恰也反映了明代皇帝們的昏庸與無能。

哱拜本來是韃靼部落的一個小首領，他的家族因為觸犯法律，其父兄皆被殺害，他轉投明朝。對於這種亡命之徒，本不該收留。但嘉靖皇帝考慮到收買人心的需要，竟然糊裡糊塗封此人為副總兵（相當於大戰區副司令），並且讓他鎮守西北邊陲。

登基不足一個月的明光宗朱常洛

俗話說，江山易改，本性難移。古往今來，凡是庇護流竄犯的國家，都沒有好下場。他在自己的家園裡殺人放火、胡作非為，他去了另一片土地，一定依然會幹這些下流勾當。哱拜做了總兵之後，在當地找了一大群和他一樣犯了法的亡命之徒，嘯聚山林，乾脆造反

明神宗皇帝像

了。明王朝大驚失色，邊疆的副總兵造反，這還了得！而且哱拜的駐紮地與蒙古政權無非一山之隔，如果來個裡應外合，豈非天下大亂，萬曆皇帝慌了神，趕緊派兵去圍剿。

哱拜還沒有被圍剿完，南方又亂了。

南方的亂，也和明朝的民族政策有關係。播州（今重慶、貴州與湖南北部）一帶，中央政府歷來授權當地土司楊家管轄，到了萬曆年間，楊姓土司叫楊興龍，此人與前幾任土司都不同，乃是一個流氓痞子，整日欺男霸女、魚肉鄉里，當地苗族群眾對其恨之入骨。

按道理說，這樣一個玩意兒，中央政府直接派一群大臣去將其斬了就完事了。但是當時明神宗舉棋不定，擔心把楊興龍殺了會影響南方的穩定。就這樣舉棋不定近十年，終於，南方的苗民忍無可忍，將怒火遷到中央政府的頭上，直接起兵造反。

播州之戰異常艱苦，中央政府的軍隊不但要鎮壓苗民起義，還要剿滅楊興龍的部隊。這場曠日持久的戰爭打了兩年。戰爭之後最大的成果，就是取消了播州的建制，楊姓土司不再有掌管一方的權力。播州分為了兩個部分，一個叫遵義，一個叫平越。遵義者，語出《尚書》：「無偏無陂，遵王之義」是也。中國現代史上大名鼎鼎的遵義會議，就是在這裡召開的。

「萬曆通寶」是我較早收藏的年號錢，中國人喜歡收藏這種古幣，因為「萬曆」與「萬利」諧音，圖個好彩頭。但是萬曆年間卻是明王朝走向崩潰的開始。上述兩場戰爭，直接縮短了明王朝的壽命，將當時中國社會矛盾推向了激化的極點。從這個角度看，「萬曆通寶」是不吉祥的，絲毫看不出有「一本萬利」的含義。

天啟殤，後金興

天啓通寶

萬曆皇帝病亡後，其子朱常洛登基，不足一個月，便中毒而死，是為史書上被稱為謎案的「紅丸案」。朱常洛死後，其子朱由校於一六二一年登基，改年號為「天啟」。

雖然「天啟」語出《左傳》「以是始賞，天啟之矣」，但從當下人的眼光看，就字面的意思而言，「天啟」有另外一重含義，上天給明王朝開啟了一條路。但這條路是死路還是活路呢？大概全憑執政者的造化了。但作為後來人的我們來看，對於明王朝來說，「天啟」算是老天給他們開啟了一條死路，但是之於北方的女真政權來說，上天又無疑是給他們開啟了一條新路。所以說，「天啟」這個年號，有些詭異。

萬曆皇帝是一個昏聵無能的皇帝，「萬曆三征」把他爹留下的一點積蓄花了個乾乾淨淨，這還不算，又把地方上的民脂民膏、徭役稅賦用了個底兒朝天，可以說是用完了借記卡又透支完信用卡，他死後，這個爛攤子給了他的孫子朱由校。

朱由校接手政權之後，一下子慌了神。天降大任於斯人，怎奈斯人太無能。他只好將整個爛攤子像二傳手一樣傳給了另一個人——市井無賴出身的大太監魏忠賢。

中國歷史有個規律，許多王朝一到亡國前，便是宦官專政。漢代的十常侍、蜀漢的黃皓、唐代的霍仙鳴、北宋的童貫、明代的魏忠賢、清代的李蓮英等等，皆為亡國之前出現的宦官敗類，他們靠近皇帝，把持朝政、擾亂綱紀，給國家帶來了深重的歷史災難。

宦官本身是封建王朝虐待人、侮辱人的產物，當一個正常的男人成為宦官之後，不但他的身體受到閹割，內心的心理也會發生扭曲與變化。魏忠賢就是這樣一個心理極度變態的人，他不但總攬朝綱，而且還想出了一系列匪夷所思的歪點子——尤其是制定、執行錯誤的民族政策方面，他可謂罪當其首。甚至可以這樣說，如果沒有魏忠賢，明王朝再苟延殘喘一些時日，也不是沒有可能。

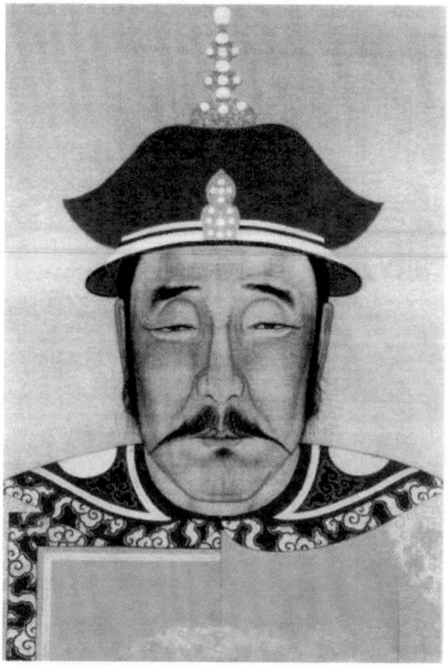

努爾哈赤像

在萬曆後期，北方的建州女真部落崛起了，部落首領努爾哈赤統一了女真各部落建立了「大金國」（史稱「後金」）。這本是一個少數民族政權獲得建立的事件，在中國歷史上，可謂屢見不鮮。以唐宋兩朝來說，回鶻、鮮卑、西夏、南詔、大理等地方少數民族割據政權時常出現。這反映了一個少數民族政權從奴隸社會向封建社會的自然過渡，是人類歷史「封建化」的總趨勢。從氏族部落到國家（當然不是現在意義上的「民族國家」）政權，乃是任何一個民族經濟、文化、語言發展到一定程度的大勢所趨。

當然，中國古代的封建統治者不會明白這個道理。但是自唐以來，對於這些走向封建化的少數民族政權，只要他們不造反，中央政權多半還是採取懷柔、冊封政策的，由當地少數民族政權首領擔任地方政權的行政長官，並且還會授予朝廷的官銜品級，這有點像現在我們少數民族自治區的雛形。

努爾哈赤勢力坐大之後，明王朝有所警覺，萬曆四十七年（一六一九年）時，在國庫空虛的情況下，萬曆皇帝曾召集十四萬大軍征討努爾哈赤，但在薩爾滸一戰中，明軍因為缺乏補給而潰不成軍，將鐵嶺、開原兩個屏障也丟給了後金軍隊。

這個時候明王朝應該痛定思痛，避免走向當年土木堡之戰時的一敗塗地。但把持朝政的魏宗賢卻幹了一件喪盡天良的事情——他趕緊向天啟皇帝稟報，要想打敗努爾哈赤，我有個主意，為了防止他們的力量進一步壯大，咱們不如先下手為強，挖了他們家的老祖墳，斷了他們的「龍脈」。天啟皇帝聽了這個無恥的招數之後，連連稱道。趕緊派了幾個雞鳴狗盜之徒，趕到北京西南大房山附近將金國留下的帝王陵寢悉數搗毀。

挖斷了「龍脈」的女真部落卻沒有因此受到任何性質的干擾。相反，後金政權很快崛起了，成為明王朝滅亡重要的軍事力量。與此同時，明王朝卻走向了日薄西山。在天啟皇帝之後，明王朝迎來了他的末代皇帝——崇禎帝。

《劍橋中國史》裡對天啟皇帝有一句評價，「在明朝沒出息的統治者中，天啟皇帝的名聲最壞」。「天啟通寶」是我較早收藏的一枚古幣。但是在這枚沉甸甸且相當精緻的古幣上，卻絲毫看不出一點點的亡國之兆。粉飾太平是明王朝最擅長的拿手好戲，正是在這看上去很美的盛世中，明朝卻一步步走向分崩離析，這是天啟皇帝無論如何都想像不到的。

天啓年間，宦官魏忠賢專權，網羅遍天下，以殘暴手段鎮壓東林黨人。天啓六年（一六二六年），魏忠賢派人到蘇州逮捕曾任吏部主事的周順昌，激起蘇州市民的義憤，爆發了反抗宦官統治的鬥爭，事後，魏忠賢大範圍搜捕暴動市民，市民首領顏佩韋等五人為了保護群衆，挺身投案，英勇就義，「五人之墓」即為蘇州群衆紀念他們而設立，明代文學家張溥寫有《五人墓碑記》，以紀念此事

明熹宗像

也說流產的「壬午議和」

崇禎通寶

北京的景山公園有一棵歪脖子樹，這棵樹很出名，以至於許多來景山的人，都要參觀這棵樹，但絕少有人願意站在樹下留影。因為明朝最後一個皇帝崇禎帝，就是在這裡自縊身亡的。

作為中國歷史上最後一個由漢族人建立的封建王朝，歷時兩百七十六年的明朝在崇禎的手上分崩離析。但值得玩味的是，崇禎帝並非是一個無能之君。相反，相對於天啟、嘉靖、萬曆這些明朝的皇帝而言，崇禎應該算是「矮子裡拔將軍」的有為者。之所以明王朝會亡於崇禎之手，原因乃是在於先前的幾朝皇帝欠債太多，將一個國家當作信用卡來透支揮霍，到了崇禎帝手上，已經是國庫空虛、回天乏力。縱然就是漢武帝、唐太宗附體，我想崇禎帝恐怕也無可奈何。

崇禎帝剛即位時，認為最大的問題並非是後金的崛起，而是李自成、張獻忠的中原農民起義軍。中國歷代統治者，都非常恐懼農民起義，尤其是中原的農民起義，無疑是掀翻封建王朝的狂飆巨浪。從陳勝吳廣起義、黃巾軍起義到黃巢起義、白蓮教起義，莫不例外。包括明王朝的開國皇帝朱元璋，也是農民起義的領袖。

崇禎皇帝自縊處，位於北京景山公園內

兩害相權取其輕，崇禎帝自以為聰明。他覺得，與北方的後金政權相比，農民起義更可怕。前者是官僚體系的內部矛盾，而後者才是敵我矛盾。

在這樣的想法下，在中原大地上已經興起多年的李自成、張獻忠的農民起義軍，很容易被當做明王朝的心腹之患來處理。事實上，農民起義軍也相當勇猛善戰，就在崇禎執政的第八年，李自成的軍隊攻佔了朱元璋的祖籍鳳陽，並毀掉了朱元璋的祖墳——用中國傳統的觀點來看，這是對天啟皇帝挖掉後金統治者祖墳的報應。

挖墳事件一出，舉國譁然。崇禎帝不得已，在崇禎八年，頒布了一道〈罪己詔〉，反思執政以來所做的錯事、蠢事。但是這並不能解決問題，農民起義依然風捲殘雲般襲來。到了崇禎十年，舉國乾旱，自然災害肆虐大江南北，民怨沸騰，越來越多的人加入了起義軍。崇禎皇帝為了平復民意，只好再次頒布〈罪己詔〉。

與此同時，北方的後金政權也徐徐南下。此時的崇禎帝只有「穩定一方」，即想方設法阻止後金南下，自己才能騰出手來，撲滅農民起義。

這個想法是正確的，也是對時局的正確判斷。當時明王朝國庫空虛，如果「兩個拳頭」都出手的，那後果必然不堪設想。而且，與北方少數民族簽訂城下之盟的事情，宋、明兩朝都沒少做，譬如「澶淵之盟」、「隆慶和議」等等，史上也早有先例。但與農民起義軍簽訂和議的事情，歷史上卻從未有過——奔著皇位來的農民起義軍既不可能接受議和，中央政府也不可能將自己的土地劃出一片給農民起義軍統治。

而且，還有一件事情堅定了崇禎帝議和的決心。薊遼總督洪承疇被俘，投降了後金。

在這樣的語境下，崇禎帝選擇了與北方少數民族政權「議和」這條走了幾百年的老路。議和大臣，他選擇了兵部尚書陳新甲。

議和的完整內容現在已經無法考證。據部分史料記載，崇禎帝給了陳新甲一封信，讓他帶給後金的統治者皇太極。皇太極也回了信，大致內容是接受崇禎帝的冊封，願意以「臣」的名義與崇禎帝分治南北，野史還記載，皇太極甚至答應，願意幫崇禎帝消滅李自成的起義軍。

陳新甲收到回信之後，非常高興，寫了一封奏摺，準備告訴崇禎帝這個好消息。由於心情激動，奏摺剛寫完就合著一摞檔案給了手下人，結果手下人把這封奏摺當作「邸報」發表了。消息一下子傳遍了全國各地，朝野譁然，大敵當前，皇上竟然要投降？

顏面盡失的崇禎帝找了個理由殺掉了陳新甲。這個被稱之為「壬午議和」的和談也流產了，只好硬著頭皮與後金軍開戰。軟弱的崇禎帝終於敗在了自己的性格上。臨死前，他曾就此事表示出了自己的遺憾：「策遼（即後金）事者，不宜戰而宜和也」。

儘管「壬午議和」流產了，但後金的統治者卻踐行了對崇禎帝的承諾，進入北京城之後，對崇禎帝的安葬盡了「臣事君」之禮，給予了隆重的國葬，並且打著為崇禎帝「復仇」的名義，用「紅衣大炮」剿滅了李自成的部隊。當然，他們自然也有收買人心的一面，但從這個角度來看，皇太極及其子福臨言出必行，確實具備成為帝王的雄偉氣象。

「崇禎通寶」是明政權發行的最後一枚年號錢。我曾有幸，在古玩市場上偶得一枚。「崇禎通寶」四個字樸拙無力，猶如崇禎帝的性格。他是一位令人惋惜的皇帝，但是惋惜之餘，也總對其有著「哀其不幸，怒其不爭」的感慨。

崇禎皇帝像

隆武通寶

流離之君的輓歌

二〇一三年，青年學者張暉英年早逝，留下了一部沒有完成的著述：《帝國的流亡——南明詩歌與戰亂》。二〇一四年春，這本書稿得以修訂出版，並在文化界產生了較大的反響。借此機會，「南明」這個有些冷門歷史名詞，竟以這樣一種形式，又重新返回到文化界的視野中心。

可以這樣說，在中國歷史上，南明這個朝廷，幾乎可以說是荒謬滑稽的。縱觀中國古代史，沒有哪個朝代在亡國之後，不甘忍受亡國之憤懣，東躲西藏地在新政權的範圍內建立一個老政權的「山寨版」，而且南明諸繼位者並非與原來的明王朝統治者一脈相承，而是東拼西湊的草台班子，藩王、遠親、宗室齊上陣。從長江流域一直蔓延到福建、兩廣，可謂星星之火，但卻難以燎原。

而且，南明朝綱敗壞，風氣糟糕透頂。其血統雖非正統，但其昏聵程度卻與明朝自萬曆、嘉靖至天啟諸昏君如出一轍。在李自成與清兵的夾擊下，南明的弘光帝剛一稱帝，就爆發了內部黨爭而引起的「太子案」，因為南明朝廷本身就是名不正、言不順，自然人人都想當太子，於是南明剛剛建制，就熬成了一鍋爛粥。

這樣的草台班子肯定不可能長久，弘光帝及其大臣史可法被俘殺之後。朱常淓、朱慈炲、朱亨嘉等宗室紛紛「稱帝」，甚至連萬曆帝的外孫、駙馬王昺的孫子王之明（即崇禎皇帝的遠房表弟）都插上一腳，結果這些宗室之間反倒產生了各種各樣的矛盾，風雨飄搖的南明朝廷，可謂危在旦夕。

在南明「諸帝」中，隆武帝朱聿鍵算是有特色的一位。

與其他人相比，他算是一個小有抱負的人，可以這樣說，相對於其他幾個南明皇帝來說，他還算是有點智慧的一個人。他的稱帝地點為福州，即今天的福建省，在治閩時，他曾對吏治進行過整肅，也曾寬免了老百姓的徭役與賦稅，應該算得上是一個有些良知與作為的君主。但是，他也犯了一個大忌諱：喜爭。

從南明回顧整個明朝，「爭」構成了明朝政治生活的主旋律。君臣之間互相勾心鬥角，大臣間「黨爭」不斷，中央政權與少數民族政權猜忌摩擦，而且外戚、太監、宗室、嬪妃之間也互相明爭暗鬥，「太子案」、「梃擊案」與「紅丸案」層出不窮。無怪乎一位歷史學者感歎，《甄嬛傳》拍的是清朝，講的卻是明朝的事兒。

隆武帝朱聿鍵即位後，他沒有將清軍與李自成當作是最大的敵人，而是以侄子魯王朱以海為眼前的大敵。當時朱以海在紹興打游擊戰，自稱「魯王」，準備反清復明。當朱以海遭受清軍進犯時，懇請鄰省的朱聿鍵施以援手。無論是共一個「反清復明」的大業，還是叔侄之情，朱聿鍵都應該伸手相助。但他卻因為朱以海信中的一句「皇伯叔」而不是「陛下」，惹得朱聿鍵大怒，堅決不出兵援救，結果導致朱以海大敗，不得不更名改姓，流亡至金門病逝。

南明王朝的「喜爭」導致其內訌不斷，因此在面對清兵時，根本沒有還手之力。隆武帝當然下場也不好，他依賴於鄭成功的父親鄭芝龍，但是鄭芝龍卻向清政權投誠，隆武帝也被清兵俘虜而死。

南明是一個悲情的王朝，它是漢族政權在中國封建時代最後的一點餘暉。張暉用「帝國的流亡」來形容，是恰如其分的。在南明王朝存在的幾年裡，不少文臣、武將都歸順了清朝。當然，後世史學家稱這種行為為「變節」，但事實也證明了，清王朝確實比明王朝要有魄力得多，知興廢者乃國之棟梁，譬如鄭芝龍、施琅等人。

事實上，後來也有不少史學家，站在狹隘的民族主義角度，為南明王朝唱輓歌，認為這是漢族政權永遠地退出了中國封建時代的歷史舞臺。當然我們可以這樣說，清王朝到了末期，飽受列強欺凌，製造了中國歷史上最沉重的民族災難，但我們也要肯定康熙、乾隆等君主在治國理政上的作為。如果是明王朝一直延續執政，恐怕災難還要深重得多。

隆武帝是一個流離之君，他延續了明王朝一直以來的狹隘之心與缺乏遠見的偏促視野。他的存在，是歷史的悲劇，但正是這種悲劇的誕生，才讓後來的清王朝在兩百多年的統治中，呈現出了中華帝國最後的雄壯底色。

前些年在福州「三坊七巷」，偶得「隆武通寶」一枚，錢幣輕薄細膩，猶如南明王朝在風雨飄搖中粉飾太平的艱難時世，亦像張暉筆下的南明王朝哀豔如泣的詩歌。其實，以錢謙益、吳偉業為代表的「變節詩人」以及史家陳寅恪所勾勒出的一代名妓柳如是，包括孔尚任的《桃花扇》，這些與南明有關的文化符號，雖然已經遠去，但卻從未消逝。

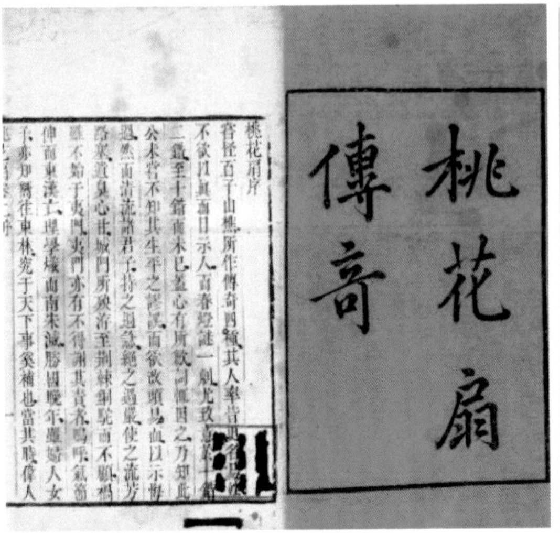

由南明時故事改編的戲曲《桃花扇》在中國戲曲史上影響深遠，作者孔尚任是孔子後裔，該著被稱為中國古代四大名劇之一，劇中所涉及的侯方域、李香君、史可法等人皆為南明時的代表人物

利用通寶

從「利用通寶」說吳三桂

自宋以來，除了宋代的「皇宋通寶」等少量錢幣之外，鑄幣往往以年號取名。但有一種鑄幣，卻獨闢蹊徑。以「利民用」而取名為「利用通寶」，堪稱泉界奇葩。這樣一枚鑄幣，卻非出自於政府官鑄，而是由吳三桂這樣的地方諸侯所為。

吳三桂的名氣很大，在中國歷史上也飽受爭議。有人說他是民族英雄，也有說他是人間渣滓。但實際上，就吳三桂的做派與結局來論，吳三桂顯然不是英雄，但是說他是猥瑣的人渣，也有些過分，在中國歷史上，吳三桂應該算個人物。但是他為人處世的行事原則，卻無大丈夫氣概，說他是反復小人，應不為過。

因為近年來清宮戲的流行，所以吳三桂的形象大家並不陌生。他原本是明朝大將，但看到明王朝氣數已盡之後，轉投清王朝，為清王朝做了不少事情之後，又不甘心被奪去兵權並告老還鄉，竟然又重新舉起了「反清」的旗幟，但是那時清王朝已經進入到了康熙王朝，「反清」必然會遭到康熙皇帝的報復。雖然在短期內憑藉著自己的軍力，吳三桂在南方搶了一些地盤，自立為國，國號為「周」。並且，他並沒有被俘或陣亡，而是在自己的「都城」湖南衡陽「駕崩」。吳三桂死後不久，他的餘部即被剿滅。

吳三桂造反的六、七年裡，他發行了幾種鑄幣，其中最有名的就是今天我們看到的「利用通寶」。在剛一造反時，還沒有年號。吳三桂想到了「利民用」這個說法，於是鑄造了「利用通寶」，在其管轄地區發行。

但可惜的是，吳三桂並不懂經濟。「利用通寶」發行量太大，一下子沒有「hold住」，造成了嚴重的通貨膨脹，使其在西南地區一直流通至民國初期。於是，吳三桂不得不又頒布新的貨幣，來抵制這一通貨膨脹。但據說，「利用通寶」甚至沿用到「護法戰爭」，直至「北伐」時才被國民政府「叫停」，這不得不說是中國經濟史上的一個奇跡。

從這個角度來說，吳三桂也確實是無能之輩。他不但管經濟一塌糊塗，而且政治素養也相當低下。以其「稱帝」這一行為來說，這完全暴露了他只是「反清」而非「復明」的私心。也正是因為此，曾經相信他會「復明」的一些遺老都眾叛親離，真正有能力輔佐他的人紛紛離去，他的覆亡，也是歷史的必然。

後世封建史家評價吳三桂，竟然有不少人稱其為「忠義」，認為他敢於反抗清王朝，乃是「民族英雄」。這種罔顧大局與歷史的觀點我認為是極其荒謬的。作為已經歸順新政權的將領，吳三桂衛國守土本是其本分。儘管「忠臣不事二主」，但「前主」已經倒臺，國家百廢待興，清王朝亦未曾虧負吳三桂，他就應該像另一位藩王尚可喜一樣，祖祖輩輩為國盡忠、造福地方。但吳三桂的造反之舉，卻禍連西南五省，殃及數十萬人。

明清之際，像吳三桂這類人並不少。曾經有一副對聯就是寫給另一位「貳臣」、吳三桂的舅舅祖大壽的。對聯是這樣寫的：「一代名將，據關外，收關內，堪稱往復有忠義；兩朝貳臣，悖前主，負後主，真個裡外不是人」。我認為，這副對聯不但適合祖大壽，也適合吳三桂。「有忠義」是封建史家只顧一面的評價，但「裡外不是人」才是其為人本質。

狹隘的民族主義觀，造就了明末清初這樣一群奇特的、反復無常卻還奢望有「忠義」之名的歷史個體，吳三桂則是個中代表。從大歷史觀來講，吳三桂無疑是一個禍國殃民的投機主義者。他個人的名利欲望不但使其身敗名裂，在西南諸省所造成的兵禍，是其百身莫贖的。

有趣的是，關於吳三桂「執政」期的鑄幣研究，近年來成為國內歷史學界尤其是科技史、清史研究的一個熱點。故宮博物院有一位名叫劉舜強的年輕學者在這方面做了不少努力，他在人民大學清史研究所完成的碩士論文便是對吳三桂政權時期鑄幣所進行的研究，這讓我很感興趣。記得吾師鄭海波先生多年前就曾說過，研究「利用通寶」，乃是一門大學問，從中不但可以看出明清之際狹隘的民族主義觀，而且還可以反觀滿漢關係與明清中國政治的大變局。

七年前我去湖南衡陽，在文物市場上偶得一枚「利用通寶」。此錢雖然多泛，但卻別有意義。衡陽是吳三桂病亡的地方，也是他的「國都」，這枚「利用通寶」或許真的見證了一代梟雄的興起與衰亡。在歷史的長河裡，順時勢者昌，逆之者亡，這是永恆不變的真理，可惜的是，吳三桂並不理解。

吳三桂像

「順天而治」說順治

順治通寶

「讀錢記」終於寫到了清朝。

從天圓地方的銅錢來論述中國歷史上複雜的民族關係，並不是一件太容易的事情。但是，到了清朝，卻相對容易了。因為清朝是中國歷史上由少數民族政權執政時間最長的朝代，而且相對而言，也最成功，包括一向被中國學者不看好的晚清，其實也在客觀上促進了中國啟蒙思想的萌芽與發展。著名學者王德威先生將其形容為「沒有晚清，何來『五四』」。

可以這樣說，清王朝兩百六十多年，有其保守的一面，但亦有其積極的一面。有歷史學家認為，清王朝延緩了晚明以來中國資本主義現代化與啟蒙運動的進程，導致中國嚴重落後於世界，但是筆者認為，中國嚴重落後於世界，不能把賬全部算到清王朝頭上，相對於明王朝來說，無論是處理中外關係，還是民族關係，清王朝其實自有其開放、務實的一面，而這一切，又必須從順治皇帝說起。

清王朝入主中原後，順治為第一任皇帝。明末幾十年兵禍的爛攤子，就這樣交到了一個年輕皇帝的手上，雖然有多爾袞任攝政王，但順治皇帝也不能完全做甩手掌櫃。他知道，清王朝

清世祖順治皇帝朝服像

入關，作為少數民族政權，難以獲得漢族人心。於是，在眾大臣的支持下，他做了一個非常了不起的舉動：追封崇禎皇帝。

朝代更替，新朝對於前朝來說，能不徹底否定、打倒，已經算是很有胸懷了，像順治皇帝能夠如此寬厚地追封前朝的末代君主，這不得不說是一件創舉。順治皇帝當時是這樣昭告天下的：我愛新覺羅家族，本身是明朝的舊臣。李自成造反，逼死了崇禎皇帝，我們作為明臣，前來平叛。目前天下已定，但卻無人管理，作為明臣，我們只好代行管理天下之責。

據《三垣筆記》記載，順治十四年（一六五七年），順治皇帝下詔：「朕念明崇禎帝孜孜求治，身殉社稷……朕因是特製碑文一道，以昭憫惻。爾部即遵諭勒碑，立崇禎帝陵前，以垂不朽。又于所謚懷宗端皇帝加謚數字，以揚盛美」。而且，他還在立碑典禮時趴在崇禎帝墳前大喊：「大哥大哥，我與若皆有君無臣」。

這番帶有「政治表演」性質的言論與行為讓不少明朝的遺老舊臣動容不已，也反映了順治皇帝的內心潛意識：第一，我們不是「外族」，和你們一樣，我們也是「明臣」，只是當時我們手裡的軍隊多一點，做了你們想做而沒有能力做的事情——平息李自成起義，李自成才是我們共同的敵人；其次，我和你一樣，都屬於「有君無臣」的「人才匱乏期」，因此，在朝與在野的遺老舊臣們，得協助我共襄國事才行。

在這樣的意識形態下，果然有不少明朝遺老投奔順治帝。順治皇帝倒也用人不疑，要求凡國家大事，必須由「滿漢侍郎、卿以上參酌公同來奏」，甚至到了後來「以後各部尚書、侍郎及院寺堂官受事在先者，即著掌印，不必分別滿漢」。這樣的舉措，自然能夠拉攏人心。

「三朝元老」黨崇雅是順治皇帝團結漢族知識份子、重用明朝舊臣的最好例證。黨崇雅是陝西寶雞人，曾是天啟年間的進士，崇禎年間做到了戶部侍郎，李自成推翻崇禎帝之後，他歸順李自成，成為李自成手下的戶部尚書。按道理來說，這樣有著「三姓家奴」品行的人，清王朝是不能用，也不敢用的。但是順治帝卻破天荒地將黨崇雅提拔出來，聘任其擔任刑部尚書、太子太保，致仕前做到太子太傅，堪稱是「一人之上，萬人之下」。

黨崇雅並沒有辜負順治帝的期望，順治元年，他就向順治帝、多爾袞建議，將死刑分為兩種，一種是「斬立決」，即「立即執行」；一種則是「斬監候」，即「死緩」。對於一些頑固的反清政治犯，先不忙「斬立決」，不妨先宣判死刑，將其關押一段時間，慢慢感化，如果在死緩期內仍與政府作對，就只好處以死刑了，但如果有怕死、悔過之心，願意與清政權合作，則免除死刑。黨崇雅開創了「死緩」這一歷史先河，應當算是中國古代法制的進步，在歷史上確實有著積極的意義。

就在我的寓所附近，有一個規模不小的商場，叫Southpoint Mall，某日我在裡面閒逛時，發現有家商鋪正在出售「順治通寶」的仿製錢，美國店主給這種錢幣的稱謂是「Lucky coins」。中國民間也認為，「順治」乃是「順天而治」的意思。因此帶有這種吉祥寓意的「順治通寶」也非常受歡迎。作家凌力有一部小說，曾獲得過茅盾文學獎，叫《少年天子》，就是講的順治皇帝。在清朝的十個皇帝中，順治皇帝不算是最有名的，但他卻是開國之君，對於整個清朝社會政治制度的建立有重要意義。因此，他確應算是「順天而治」。順治皇帝順應時代大潮，做了不少積極的貢獻，應受到歷史的肯定。

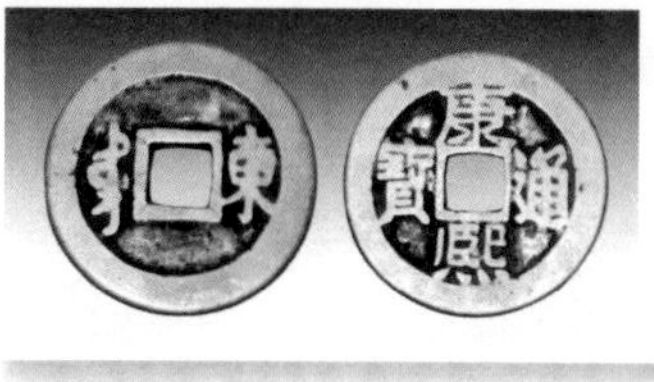

康熙通寶

康熙通寶與地方鑄幣局

幼年時，剛入古幣鑒賞之門。吾師鄭海波先生就教給了一個順口溜：「同福寧東江，宣原蘇薊昌，南河臨廣浙，台桂陝雲漳」。

不難看出，這並不是詩歌，是大同、福州、南京、蘇州、太原等地名的簡稱。這個短短的順口溜其實並不簡單，從這二十個字出發，可窺得康熙年間中央與地方的積極的經濟關係與民族政策。這些地名的簡稱，曾用滿漢兩種文字鑄造在「康熙通寶」的背後。

康熙年間所鑄「康熙通寶」，其中不少背後就有滿漢兩種文字的地名簡稱，除了上面的二十個地名之外，還有一個「鞏」，是吳三桂造反前鑄造的，相當於「利用通寶」的前身，一般關注的不多。[4] 因此，上述二十個地名，實際上反映了康熙年間地方的二十個鑄幣局。

清朝入關後，實行地方與中央的兩級鑄幣制。中央的工部、戶部發行的貨幣背後分別是滿文「寶源」與「寶泉」，地方上則以地名代之。順治年間，各省分別有十幾個局試行鑄幣，但是只是斷斷續續，並未形成規模。到了康熙年間，中央政府開始頒布鑄幣條例，實行地方政府與中央政府的兩級鑄幣制度，這是中國

4 一說康熙通寶「背鞏」係甘肅鞏昌局鑄造，此局存在時間不長。

康熙皇帝像

經濟史上的極大創舉。

我們知道，西漢之初，曾開放了民間鑄幣，但卻帶來了無窮無盡的問題。賈誼在〈諫鑄錢疏〉就曾一針見血地指出，因「曩禁鑄錢，死罪積下；今公鑄錢，黥罪積下」，可見他是世界上最早發現「劣幣驅逐良幣」（Bad money drives out good）的經濟學家。因此，自漢武帝開始，地方的鑄幣和鹽鐵經營權就已經收歸中央，統一鑄五銖錢。鑄幣這個職責就完全收歸中央政府，地方無論官民，不得私鑄，一旦發現，就好似今日的印假鈔，必是死罪無疑。這一方面大大地增加了中央的權力，但與此同時，也導致可能存在的經濟危機。

無疑，在電力技術革命之前，中國這樣一個地大物博的國家，地方與中央的消息往來並不可能那麼暢通。因此，自唐以來，中央政府都有一個非常頭疼的問題，因為交通、資訊不暢，導致貨幣流動受阻，每朝每代都有貨幣發行過量的通貨膨脹或通貨緊縮。當時既沒有成熟的貨幣理論，也沒有先進的貨幣流通監管技術。發行的貨幣與流通的貨幣總是難以保持合適的比例。因此，為了防止自己的管轄地方造反，民間、地方政府私鑄貨幣總是屢禁不止，造成中央與地方的矛盾頻繁加深。

無論是通貨膨脹還是通貨緊縮，其實危害的都是老百姓的利益，都會造成土地兼併、物價飛漲或米價下跌，老百姓一旦生計受到影響，就會遷怒於政府，釀成農民起義。從先秦到晚明，這類情況時有發生，西安交通大學史紋青教授寫過一本書，叫《中國通貨膨脹問題研究》，就專門談到這個問題。

康熙皇帝發現，要解決這個問題，則必須要放權給地方，包括鑄幣的權力。清朝延續了明代的總督制，有點類似於一九四九年之前國民政府頒行的「軍政長官公署」制。以陝甘總督為例，他管轄陝西、甘肅兩省的民政與軍務，陝甘兩省的巡撫（相當於省長）則歸其調遣。當然，兩省的貨幣發行量，也尤其根據具體情況來控制決定。究竟需要鑄幣多少，如何發行，中央政府將權力完全下放給他，並具體由「陝西省局」和「甘肅寧夏局」負責鑄造。但是此地一旦因為貨幣發行問題釀成了民變，總督則要負全部責任。而且，中央政府可以根據貨幣上不同的省份標識，結合貨幣流通的狀況，進而判斷不同省份的經濟指標情況。

這樣的歷史語境下，康熙年間的貨幣發行量基本上維持一個平穩的狀態。不但中原地區經濟繁榮，連邊疆少數民族地區的經濟也邁上了一個新臺階。這樣積極穩健的貨幣政策，雖

位於長沙的賈誼故居

然不是康熙皇帝首創的，但是卻是在他手上形成了固定的制度並穩步發展，成為了中國封建時代解決貨幣發行問題的優秀樣本。

美國經濟學家泰勒・考恩（Tyler Cowen）最近發表了一個受到學界矚目的觀點，認為央行在貨幣問題上有最終的控制權，但是在資料化、電子商務普及化的當下，一些從事交易的部門是否也有「鑄幣權」——即用自己發行的一般等價物參與交易呢？這一問題給目前西方經濟學界帶來不少的討論，甚至目前爭議與影響還在進一步擴大。

而我個人卻認為，該問題之於中國的經濟史而言，其實並非是一個難題，早在康熙年間，就已經採取了相對積極主動、開放有效的策略，緩解了這一問題可能帶來的危機，從這點看來，稱康熙皇帝是一位傑出的經濟學家，洵非過譽之詞。

江寧局所鑄之康熙通寶

江寧織造與康熙盛世

美國漢學家史景遷（Jonathan D. Spence）寫過一本書，叫《康熙與曹寅》（*Ts'ao Yin and the K'ang-hsi Emperor: Bondservant and Master*），裡面刻畫康熙奸詐陰險的形象，相信許多讀者都印象深刻。該書的另外一位男主角曹寅，曹雪芹的祖父是也。此人是康熙年間的「江寧織造」，這個職務很特殊，其存在的意義不但見證了康熙年間中國的經濟繁榮，也見證了康熙皇帝獨特的執政特點。

前面我講過，康熙年間正式通行中央與地方兩級鑄幣權，在地方上固定分為二十個局，保證地方的貨幣供給平衡。但是，這些局分布在全國各地，不可能發行量一樣多，如果這樣的話，中央也就沒有必要分權了。譬如經濟相對落後的四川、雲南等地，其貨幣流通緩慢，貨幣發行量自然就不大，而經濟發達、工商業健全的江南地區，貨幣自然流動速度較快，其發行量也相對較大。

我們知道，南宋以來，迫於北方游牧民族的壓力，導致中國經濟中心南移，從黃河中游地區轉移到了長三角地區，到了晚明，江蘇、浙江的「兩江」地區已經成為中國經濟的中心，時人

昔日恢宏氣派的江寧織造府，位於今日江蘇省南京市太平北路19號，即江寧織造博物館

謂之「蘇湖熟，天下足」。及至清代，這個地區的經濟已經相當發達了。據經濟史家統計，「浙江省局」鑄造背後「浙」字與「江蘇江寧局」鑄造背後「江」字，是康熙年間發行最多的地方鑄幣。

因為該地絲織業發達，因此，明代時該地常設「江寧織造」一職，主要負責給皇宮及貴族供應日常所需的針織品。這種情況在歐洲歷史裡也有，譬如在捷克首都布拉格旁的「黃金小巷」，就是給皇宮提供黃金用品的金匠聚居地。只是自明至順治以來，江寧織造都是由皇宮的內廷太監兼任，屬於宦官之一。

康熙二年，江寧織造一職發生了質的變化。從宦官兼任改為「內務府」派「包衣」常駐。更名為「駐紮江南織造郎中」，旋即又改為「江寧織造郎中」。

什麼是「包衣」呢？這是滿語「包衣阿哈」的簡稱，這個詞最初的意思是「奴才」。在入關特別是封建化之前，滿族實行將人分類的民族歧視制度，一種人是滿族貴族，他們自然是統治者；除卻滿族之外，其他民族就被稱之為「包衣」，按當時的法律，「包衣」是要為滿族貴族服務的。

清軍入關後，「包衣」主要指的是歸順滿族的漢族大臣、知識份子。雖然被稱為「包衣」，但已經為朝廷、國家所倚重。像年羹堯、曹寅等知名歷史人物，早已不再是「奴才」了，而變成了朝廷的一二品大員，屬於幾人之下，萬人之上的高官。

康熙年間，第一任江寧織造就是曹寅的父親曹璽，爾後其家族連任「江寧織造」一職。按照當時的制度，江寧織造級別相當高，僅次於當時的「兩江總督」，屬於中央派駐地方的幾位頭面大員之一。

筆者認為，「江寧織造」的意義，並非在於為朝廷提供絲織品，而是朝廷派駐中國經濟最發達地區的「中聯辦主任」兼「首席經濟學家」。縱觀康熙以來的「江寧織造」官員，一般有三個特點：具有文化號召力，懂經濟，對朝廷忠心。

在清代，江蘇、浙江一帶乃是國家賦稅的重鎮，工商業高度發達，資本主義經濟剛剛萌芽，屬於國家經濟建設的「錢袋子」，猶如今日的經濟特區，而且當地文人墨客彙集，還是當時中國的文化重鎮。因此，中央政府所派駐當地的官員，不但要懂民政、治安，還要懂經濟，既要保持兩江地區的穩定，還要保持當地的文化傳承與經濟發展。這樣的大任，就落到了「江寧織造」的頭上。譬如周汝昌先生就認為，「曹家實際上是握有國家經濟特權的大官僚」，已故經濟學巨擘黎詣遠教授也就此定論，「曹雪芹祖上三代，曾任內務府江寧織造六十年，集紡織生產、行業管理、財政稅收於一身」。

胡適先生對此曾有不同的觀點，他認為「江寧織造」有特務的工作性質在裡面，歷史學家唐德剛先生曾如是回憶：「胡（適）先生說，江寧織造曹寅是內務府的採購官，同時也是康熙爺的特務，在江南打統戰」。但唐先生也表示「余不謂然也」。筆者更傾向於唐先生的觀點。「江寧織造」可能會為中央政府提供江南文人結社、出版的一些情況，謹防「反清復明」這類「異端」思想出現。但是就當時的情狀而言，「江寧織造」更多的責任應該是經濟發展、行業管理的重任，從這點來看，康熙盛世的出現，應與「江寧織造」這個職務的設立有著必然的聯繫。

前幾年客居南京，在三山街附近偶得一枚背「江」的「康熙通寶」，這種錢幣在市場上可謂多如牛毛，可見當時江浙一帶經濟繁盛到了何種地步。而這一切，應該歸功於康熙皇帝積極穩健的貨幣政策、勇於任用漢族人才的人事制度和中央與地方分權的經濟管理方式。時至今日，這種先進管理理念理應為後世所吸收借鑒。

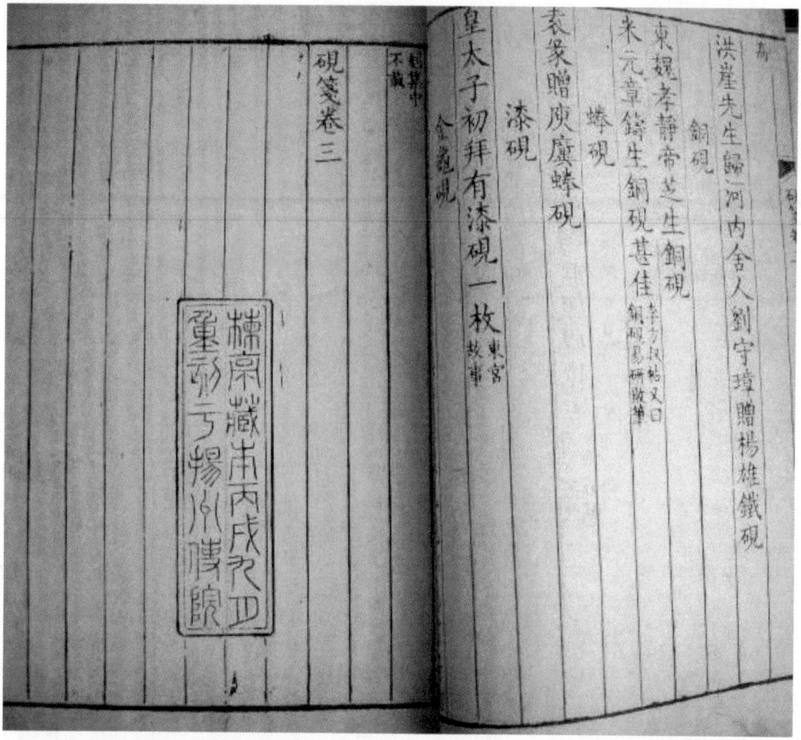

洪崖先生歸河內舍人劉守璋贈楊雄鐵硯

銅硯

東規孝靜帝芝生銅硯

米元章鑄生銅硯甚佳

蜂硯

袁象贈庾廣蜂硯

漆硯

皇太子初拜有漆硯一枚 東宮故事

硯箋卷三

楝亭藏本丙戌九月重刻于揚州使院

曹寅任江寧織造時，曾與朱彝尊等知名學者一道，主持大規模的圖書編撰、出版事業，其刻本被稱之為「楝亭藏本」（曹寅號楝亭），總計十二種之多，時稱「楝亭十二種」，因曹寅在揚州使院主持此刻書工作，因此亦稱「揚州使院刻本」，「楝亭十二種」為保留古籍、傳承文化做出了較大貢獻

康熙通寶

施琅與福建臺灣局

前面我們講了為江南經濟做出重大貢獻的曹寅家族，他是康熙皇帝打破民族歧視、重用漢族知識份子的一個典範。但是我們不應忘記，還有一個人，他不但是漢族，而且還是降將，此人就是被稱之為「大將軍」的一代名將施琅。

施琅的貢獻有二，一是康熙元年主動奏請將「臺灣」列入中國版圖，二是康熙二十二年（一六八三年）率水師收復臺灣，將臺灣正式納入中國版圖，並且興建「福建臺灣局」，鑄造在臺灣地區流通的「康熙通寶」。「背臺錢」，自然也成為了臺灣自古是中國領土的歷史證明。

施琅原來是明朝大將鄭芝龍的部下，鄭芝龍、鄭成功與鄭經祖孫三代擊敗荷蘭人收復臺灣之後，意圖在臺灣「反清復明」，並且屢次重用、縱容自己的親信。這種倒行逆施自然引起了施琅的不滿，他處決了觸犯法令的鄭氏家臣曾德。無疑，這大大觸怒了鄭成功的威信，他竟將施琅全家下獄並處斬。施琅從死囚牢中逃出，主動降清。

康熙皇帝執政後，重用精通水師的施琅。康熙元年即擔任福建水師提督。上任後，他屢次挫敗了鄭經的海上騷擾，並且，他

臺灣府古圖

高瞻遠矚地向康熙帝提出建議，要求將臺灣納入清朝的版圖。

自臺灣被納入清朝的版圖之後，康熙帝就不放棄對臺灣的統一。自康熙元年至二十二年，康熙帝主導了對臺灣鄭氏家族的九次談判，但每一次都無功而返。在最後一次談判中，康熙帝做出了最大的讓步：答應鄭家世襲臺灣最高管理者，為清王朝承擔「保境安民」的職責，但是臺灣必須聲明是清王朝的領地，是中國不可分割的領土，這一構想堪稱是「一國兩制」的最早雛形。但此時鄭經做「土皇帝」的「台獨」之心已經萌芽，竟然果斷拒絕了這一促使國家統一的大好機會。本應功標青史的他，卻成為了歷史的罪人。第二年，鄭經在臺灣病死。

鄭經死後，鄭氏家族開始爭奪臺灣的最高統治權。借此機會，康熙帝任命施琅為福建水師提督加太子少保，大學士明珠積極支持施琅的征臺，向康熙帝進言「著施琅一人進兵似乎可行」，康熙帝用人不疑，將征台軍務工作全部交給施琅。年過六旬的施琅掛帥出征，開始了中國歷史上第一次對臺灣的武力收復。

有趣的是，施琅武力收復臺灣並不是攻下臺灣島，而是攻下了澎湖，將澎湖經營為「人民樂業，雞犬不驚」的福地，進而迫使盤踞臺灣的鄭氏家族棄暗投明。在這樣的語境下，鄭氏家族只好率部投誠。施琅「攻城為下，攻心為上」的策略，使得臺灣免遭炮火的荼毒，和平解決了臺灣問題。

施琅收復臺灣後，朝廷內有人主張放棄臺灣的治理權。施琅向康熙皇帝陳述臺灣的富庶及其重要意義，「（臺灣）耕桑並耦，魚鹽滋生，一切日用之需，無所不有……經織不乏，舟帆四達，絲縷踵至」，而且在軍事意義上，臺灣「乃江、浙、閩、粵四省之左護，雖屬外島，實關四省之要害，棄之必釀成大禍，留之誠永固邊圉」。在施琅的力主下，清政府在康熙二十三年（一六八四年）設立臺灣府，歸福建省管轄。

設立臺灣府之後，施琅考慮到臺灣是離島，與內地資訊交流有所不暢，於是力主在臺灣開爐鑄幣，籌興「福建臺灣局」。在首任臺灣知府蔣毓英的支持下，「背臺」的「康熙通寶」開始在臺灣島內流通，這一高度自治的政策，保證了島內貨幣的流通穩健與經濟的發展。從這個意義上講，施琅不但是一位驍勇善戰的武將，還是一位深通經世濟民之學的文臣。

前些年，臺灣成功大學八十年校慶，該校文學院邀請我作為大陸唯一演講者去做一場學術報告。在臺南的文物市場上，我意外地發現了一枚「背臺」的「康熙通寶」，這讓我激動不已。因鄭成功曾以此地為首府，臺南被稱之為「府城」。這枚「康熙通寶」，正反映了康熙年間清政府收復臺灣的歷史景象，也是那個大時代的重要見證。

清康熙平定臺灣凱旋圖

靖海侯施琅像

「改土歸流」說雍正

雍正通寶

一位研究電視劇的朋友笑談：「八〇後」眼裡的雍正，是《雍正王朝》裡的唐國強，而「九〇後」眼裡的雍正，則是《甄嬛傳》裡的陳建斌。

但是我認為，評價一個歷史人物，最怕的就是臉譜化。雍正既不是唐國強飾演的「千古一帝」，當然更不是陳建斌所演繹的「陰險之徒」。作為清朝初期承前啟後的一個君主，他有著自身的侷限性，但是他在治國理政的成績上，確實可圈可點。特別是「改土歸流」制度的推行，可謂開天闢地的舉措，為後來的乾隆、嘉慶時代帶來了穩定、和睦的民族關係。

我們知道，自唐宋以來，對中央政權產生威脅因素的少數民族政權分為兩種，一種是北方的游牧民族，一種是西南地區的少數民族。而清王朝本身是游牧民族南下建立的政權，所以，之於清王朝來說，北方游牧民族的威脅已經被解除了，取而代之的是西南地區的少數民族，如何促進這些地區的經濟發展，緩解當地與中央政權之間的矛盾，成為了幾位清初皇帝的心頭病。

土司是什麼呢？就是由朝廷冊封的、負責當地治理的少數民族首腦，相當於當地的最高行政長官，而且是世襲制。中央政府

雍正皇帝像

一開始頒布土司制度，用意肯定是美好的。一是希望瞭解少數民族民風民情的人來治理少數民族地區，既能服眾，而且也不會與老百姓產生觀念上的溝壑；二是中央不直接面對少數民族的宗教、習俗矛盾，而是將「土司」作為中央政權與少數民族民眾之間的緩衝帶，替中央行政。

但是土司制度到了後來，就會發生問題，其中有個最重要的問題就是土司辜負朝廷信任，變「父母官」成為魚肉鄉里的惡霸，造成少數民族民眾與中央政府之間的矛盾。前面講過，「萬曆三征」中有一征，就是南征播州的土司楊興龍。此人作為世襲土司，不但不造福鄉梓，相反還欺男霸女，成為了鄉裡的禍害。結果由於「土司制度」的保護，中央政府也無法將其免職，但少數民族民眾卻認為此人是中央政府任命的官員，如此違法亂紀，定是中央政府所支持的。

而且，土司和土司之間也時常因為信仰、風俗以及家仇族怨而發生械鬥。尤其在雲南、貴州與湘西等地，這種本不應發生的械鬥卻時常發生。每一場械鬥，帶來的都是成千上萬人頭落地。在「土司制度」的庇護下，一方土司仗著中央政府不能將其罷免的特權，上述各類肆意妄為的事情是家常便飯，這自然讓中央政府威信掃地。自明代以降，南方少數民族因為土司的專橫而多有不滿，時常釀起民變。

雍正帝執政後，雲貴總督鄂爾泰面對難以忍受的「維穩壓力」，向雍正帝痛陳土司稱霸一方的禍害，並建議廢除土司制度，改由「流官」任職，旨在將一些作惡多端的土司的權力剝奪掉。「改流之法，計擒為上策，兵剿為下策，令其投獻為上策，敕令投獻為下策」。雍正帝聽從了鄂爾泰的建議，就此問題專門頒布「改土歸流」政策，先在黔東南地區試行。可以說，這是一次劃時代的壯舉。

所謂「改土歸流」，即將中央政府任命的流動性、非世襲的官員即「流官」取代土司。這個官員上任後，一旦政績不佳，或是因為倒行逆施激起民變，中央政府就直接就地免職，更換新的官員上任。這雖然部分地削弱了「民族自治」的一面，但是卻以法律的形式，客觀地保證了少數民族地區的經濟發展與社會穩定。

「改土歸流」是中國封建王朝對於少數民族地區管理的政治探索，見證了少數民族地區社會、經濟發展的歷史過程，也顯示出了雍正帝的開明、智慧之處。事實也證明，在雍正之後，中國西南邊疆少數民族的穩定程度是空前的。

前幾年，在雲南地區田野考察時，偶得「雍正通寶」一枚。我不知道這是否當時「改土歸流」的見證，但至少在一定程度上反映了「雍正通寶」作為一般等價物在西南邊疆地區的流通。史家一般認為，「改土歸流」還有一個重要的意義，就是改變了西南少數民族部落「以物易物」的原始經濟狀況。從社會史的角度看，「改土歸流」讓一部分西南少數民族部落從奴隸制度轉向了封建制度，加速了他們的封建化進程，是歷史的進步。對於中國這個統一的多民族國家來說，「改土歸流」及其推行者雍正帝是值得寫進上下五千年的史書的。

鄂爾泰像

寶鑄乾隆奉此同

回文與滿文「葉爾羌」

隨手拿出一張人民幣紙幣，翻到背面，都有「中國人民銀行」及貨幣面額的五種語言：蒙古語、藏語、維吾爾語、壯語與中文拼音。這象徵著中國是一個多民族國家。

前面已經講過，一幣印刻有多民族語，卻非人民幣首創，元朝就早已有之，在清朝已經形成規制。自「順治通寶」以來，鑄幣正面以「年號」加「通寶」的漢文，加上背面標明鑄造地或面值的滿文，成為了清朝錢幣的主要特徵。但更加鮮為人知的是，回文、滿文與漢文共同出現在一枚錢幣上，也是在清朝出現的。它見證了中央政權對於新疆少數民族地區的懷柔治理，也有力地證明了新疆自古以來就是中國不可分割的神聖領土。

清乾隆二十二年（一七五七年）中國新疆回部白山派首領霍集占兄弟發動叛亂。霍集占與其兄波羅尼都出自中亞伊斯蘭教白山派和卓家族，故稱波羅尼都為大和卓，霍集占為小和卓。這次叛亂聲勢浩大，來勢兇猛，史稱「大小和卓之亂」。

大小和卓是怎麼來的呢？

乾隆執政之初，西北地方的準噶爾汗（即今天的哈薩克斯坦、吉爾吉斯斯坦一帶）率兵侵犯新疆地區，乾隆帝將其平定之後，並釋放了被準噶爾汗囚禁的新疆部落首領霍集占兄弟。兄弟倆向乾隆帝保證：「若荷恩得回故土，情願招服喀什噶爾、葉爾羌各處人眾，同來歸順」。

乾隆帝相信了他們的話。但是霍集占卻有自己的打算，他曾對自己的哥哥波羅尼都表示想擁兵自立，這一背信棄義的想法遭到了波羅尼都的反對，他批評弟弟：「以前我們被別人抓住都要殺頭了，如果不是國家幫我們，我們怎麼能夠回到故鄉還能繼續管理地方呢？這種忘恩負義的事情千萬不能做」。但霍集占依然一意孤行，非要發兵叛亂，波羅尼都實在拗不過弟弟，只好表示：「我們家族自祖父開始，一直被準噶爾囚禁，幸好國家來救了我們，現在我們管理地方，應為國家盡力才是。我是不會做叛徒的，如果你非要做，我也管不了你」。霍集占一看哥哥的口氣有所緩和，覺得大有希望。於是攛掇了一些部落首領，強勢要求波羅尼都和他一起「起事」。最後受迫於弟弟的淫威，波羅尼都只好同意霍集占起兵叛亂的想法。

大小和卓的叛亂之舉，讓乾隆帝非常意外，也相當惱火。因為他非常信任自己親自營救出獄的大小和卓，怎麼也不相信這兄弟倆會走上一條這樣的不歸路。乾隆二十二年五月，乾隆帝終於下旨，要求出兵全力平定大小和卓之亂，統一整個新疆。

經歷了數年的征戰之後，大小和卓均被處死，新疆也重新真正地回歸到中央政府的管轄之下。乾隆帝有感於新疆長期以來處於不同少數民族部落各自為政的狀況。於是決定在新疆設立「葉爾羌（即今天新疆維吾爾族自治區莎車縣、葉城縣一帶）辦事大臣」與鑄幣的「葉爾羌局」，將新疆所有流通的、各種各樣的貨幣統一回收，鑄造背後有回文與滿文「葉爾羌」字樣的「乾隆通寶」，這是新疆地區歷史上第一次幣制統一，標誌著新疆真正、完全地被納入中央政府的管轄範圍之內。

「葉爾羌局」的鑄幣在實施前，其實還有一段小插曲。具體負責這件事情的是首任葉爾羌辦事大臣兆惠，他將新疆叛亂分子所有的軍械全部毀掉，然後再回收了所有流通的鑄幣，準備鑄幣，但是具體的形態，還需要向乾隆皇帝彙報。其實「滿回合文」也是兆惠的想法，但他有點拿不準，於是也將自己的建議寫在奏摺裡了。

乾隆帝很高興，迅速批復了兆惠的奏摺。並且表示，有感於當時新疆冶金、鑄幣業不發達，請「陝西省局」的鑄幣工程師專門到新疆，訓練了一批新疆自己的鑄幣師。這些鑄幣師最後都留在了新疆，成為了新疆地區經濟、技術發展的重要力量，為新疆在清中葉的繁榮做出了突出的貢獻。據史書記載，這種「背葉爾羌」的錢，在葉爾羌、喀什噶爾（即今天的喀什）和和闐（即今天的和田）三城通用。

《西域圖志》曾有記載，當乾隆帝看到「背葉爾羌」的鑄幣時，非常高興，曾賦詩一首：

天佑西師葳大功，勞徠泉府貴流通。形猶騰格因其俗，實鑄乾隆奉此同。

景德開元溯所有，和親互市鑒於中。篋藏巨詡聲靈暢，垂德懷柔慎自躬。

作者在伊犁將軍府遺址，位於新疆自治區伊犁地區。伊犁將軍系清代新疆最高行政長官，管理烏魯木齊都統、喀什喀爾參贊大臣等官員，而葉爾羌辦事大臣、英吉沙爾領隊大臣等等均為喀什喀爾參贊大臣的下屬

郎世寧繪《清高宗乾隆帝朝服像》

從「嘉慶寶藏」論嘉慶治藏

嘉慶寶藏

常言道，富不過三代。

在世界歷史上，沒有日不落帝國。世界上的國家千百個，王朝更是成千上萬。若有一個國家，或是一個王朝，能夠在世界上有一個叫得響的排名，我認為已經非常了不起了。清朝自一六四四年順治入關，到一七九九年乾隆駕崩。歷經四帝共計一百五十五年的盛世，也算是一件了不起的成就。

人類進入到十九世紀，封建化逐漸不再是主潮。現代科學所引領的醫學、工商業、航運業與通訊業開始進入並影響人類歷史，但曾經的大清王朝自從趕走了來訪的英使馬格爾尼（George Macartney）之後，便自覺或不自覺地關上了與世界溝通的大門。因此，「天朝上國」也開始走起下坡路來。這一走，竟是兩百多年。

筆者至今都記得，中學歷史有一道填空題：清朝衰落於哪個皇帝？

答案是：嘉慶。

嘉慶帝在中國歷史上的口碑說好不好，說壞不壞。在位期間，做了最大的一件好事就是打死了和珅這隻大老虎。和珅是乾隆朝的寵臣，也是滿族貴族中的皇親國戚。當然，也有後世史家認為，嘉慶抓和珅，暴露出了他的無能。因為到了嘉慶朝，國庫空虛，嘉慶並無其他的辦法來救濟，於是只有把手伸向了富可敵國的和珅，靠抄沒他的家產來救國庫空虛之難。所以民間有「和珅跌倒，嘉慶吃飽」一說。

但筆者認為，嘉慶並非昏君。他的問題在於：盲目守成，造成了他缺乏世界性的眼光。這是他讓中國落後於世界的歷史根源。其中，有一個重要的證明就是他在位時所頒布的治藏政策。

我們知道，西藏自古以來都是中國的神聖領土，也是中國的西南大門，其戰略意義與重要地位一直為中央政權所重視。雍正五年時，中央政府曾設立「駐藏大臣」一職，來管理西藏的各項事務，這是西藏被納入中央政權管轄的重要歷史證明。

《清史稿》裡有記載，乾隆帝平息準噶爾汗與大小和卓之後，為了穩定西藏，頒布了《欽定藏內善後章程》，對於西藏的內政、民生、駐軍、財政、宗教等各項事務，做了詳細的要求與規定，強化了中央政府對於西藏的管理。

到了殖民者橫行的十九世紀，西藏的地位再一次被凸顯。乾隆末年，英女皇派遣曾任印度馬德拉斯總督的蘇格蘭貴族馬格爾尼拜見乾隆皇帝，提出中英兩國建交、開展對外貿易等訴求，遭到乾隆帝的果斷拒絕。但這並未消解掉英國意圖殖民中國的想法。因為那時的中國的西南陸上鄰國印度，已經是英國的殖民地了。

在馬格爾尼使團無功而返之後，英國決定以另一種形式進入中國：從印度打開喜馬拉雅山的通道，從西藏包抄中國的「後路」。

這是一個相當陰險的軍事陰謀，為了達到自己的目的，英國人接連發動了印度北部與廓爾喀（今尼泊爾）的戰爭，將戰火燒到了中印邊界。廓爾喀的首領向清王朝求救，嘉慶帝慌了神，竟然要求駐藏大臣不予出兵援助，任憑其被英國侵佔。

因此，英國人騷擾西藏邊境、發動相關戰爭時，中央政府其實已經收到了駐藏大臣多次緊急奏摺。但從個人魄力上說，嘉慶帝並沒有其像曾祖父康熙皇帝那樣，敢於拒俄國人於千里之外並要求對方簽下《中俄尼布楚條約》。甚至可以說，英國人是何方神聖，有什麼樣的武器，他們的實力如何等等，一切皆一無所知。在這樣的情境下，嘉慶帝只好趕緊下旨，要求駐藏大臣不但不准幫廓爾喀，甚至以「寧謐地方」為準則，必須「處以鎮靜」、「閉關自守」，不要與英國人起正面衝突。

這是清朝面對西方外敵時以「閉關鎖國」相對抗的濫觴，自嘉慶之後，「閉關鎖國」成為了清朝皇帝們的家常便飯，但是「閉關鎖國」根本救不了江河日下的大清王朝。英國人在西藏的邊境線上確實沒有撈到任何好處，但是他們開始轉變觀念，在「廓爾喀戰爭」之後的二十五年，發動了改變世界歷史的中英鴉片戰爭，將中國澈底推向了半殖民地、半封建社會的深淵。

嘉慶帝治理西藏時，曾發行過西藏本地的銀幣，叫「嘉慶寶藏」，相當於「嘉慶通寶」，統一了西藏的幣制，這在客觀上確實帶動了西藏經濟的發展。但是與此同時，他卻忽略了西藏的戰略意義，造成了無法彌補的歷史損失。從這個角度來看，嘉慶帝又是缺乏大局觀的。因此，後世對於嘉慶帝的治藏成績，必須要嚴格地一分為二來看。

嘉慶帝為藏傳佛教寺廟壽安寺所題寫的匾額，壽安寺係拉卜楞寺的重要組成，位於甘肅省甘南藏族自治州夏河縣，是藏傳佛教格魯派六大寺院之一，被世界譽為「世界藏學府」

嘉慶皇帝像

道光通寶

也說道光的「敗由儉」

中國有一句名言：成由儉，敗由奢。

農耕民族，因為一年有四季，偶然還會有水旱蝗災，節儉不但可以越冬，而且可以保證在災難來臨時，有抵禦災難的能力，這本無可厚非，是中華民族的光榮傳統。但是，這種「儉」只是一種持家的原則，而不是治國的理念。我們知道，國家經濟建設、國防建設，是萬萬不能「儉」的，在不該省錢的地方省錢，必然會給國家帶來巨大的災難。

道光皇帝，就是這樣一個人。

嘉慶帝駕崩後，道光帝即位。此時的大清王朝，已經在諸列強面前顯示其落後、孱弱的一面。在治國理政方面，他盲目推崇「節儉」之風，甚至連軍費開支都大大縮減。造成舉國上下一片積貧積弱的景象。朝野上下表示出了嚴重的不滿：乾隆皇帝時，東伐西征，兵強馬壯，耗費銀兩無數，相反還是太平盛世。而如今崇尚節儉，老百姓卻越過越苦，這究竟是怎麼回事？

《道光帝行樂圖》（紙本設色，原作藏於北京故宮博物院），該圖可窺得道光帝簡樸的日常生活

更可笑的是，道光帝到了國家生死關頭時還想著「節儉」二字。當時林則徐奉命查禁英國商人的鴉片，英商允諾，他們的鴉片也是從批發商處抵購的，因此，只要清政府以茶葉來抵扣這些鴉片，讓他們對自己的批發商有個交代，他們就立刻回國，並保證不再往中國銷售鴉片。且不論這些商人是否在扯謊，但清政府只要馬上拿出足夠的茶葉，並把這些商人驅逐出境，至少為「鴉片戰爭」的爆發爭取到控制局勢的主動權。

面對這個消息，林則徐滿心歡喜以為道光帝會答應，結果道光帝看到奏摺之後，心頭不悅，竟然不准——此時英國商人已經等得不耐煩。林則徐無可奈何，情急之下只好讓地方籌措經費，迅速禮送這些商業侵略者出境。結果，等林則徐籌措到了經費之後，英商們的求援電報早已發到倫敦，英國議會已經決定派軍艦前來。

歷史地看，道光帝的節儉反映了他不自信的內心世界。到了道光一朝，清王朝雖然還是大清王朝，但世界已經不是當年的那個世界。不知名的小國葡萄牙、英吉利、法蘭西接踵而至，道光帝自己也不明白這個世界究竟發生了什麼。

筆者認為，在殖民與被殖民的世界格局下，以及源源不斷的鴉片交易，中國的白銀不斷外流，而且，當時的中國人還沉浸在昔日的「康乾盛世」的大夢中，道光帝的祖父乾隆皇帝所開創的「千古偉業」，還不足五十年就快到他手上一敗塗地，國庫入不敷出。因此，在這樣的局面下，道光帝想不節約都不行。

因此，我們不難看出，道光帝陷入了「越窮越儉，越儉越窮」的惡性循環。他沒有跳出簡單的、對於自身道德的叩問，走向世界、人類與歷史的高度來重新審視這個國家，而是不斷在禮儀倫理上做過度的闡釋。

作為一位來自於金戈鐵馬游牧民族的皇帝，道光帝的身上顯示出了近似於晚明諸帝一般的無能與懦弱，這是非常遺憾的。歷史學界有一種觀點，認為道光帝是從中國古代跨向近代時期的執政者，因此，他反映了中國的民族性遇到世界性、現代性時的尷尬。筆者以為，這一說法是有一定道理的。

二十年前，康奈爾大學教授林珍珠（Jane Kate Leonard）曾寫過一本書，叫《遙控：道光皇帝對大運河危機的治理，一八二四～一八二六》（*Controlling from a far: The Daoguang Emperor's management of the Grand Canal crisis, 1824-1826*），裡面就提到道光帝既想節約，又想辦事的兩難尷尬，導致大運河的漕運危機貽患後世。而清史泰斗蔡東藩先生對道光帝有更為客觀的評價：「徒齊其末，未揣其本，省衣減膳之為，治家有餘，治國不足」。

我收藏了一枚「道光通寶」，輕薄質樸，猶如道光帝本人的執政風格。比起「康熙通寶」與「乾隆通寶」的厚重來說，「道光通寶」確實遜色一籌。據野史記載，道光帝為了貫徹其「儉風」，甚至要求鑄幣局要減少用銅量，結果導致「道光通寶」成為了清史上最輕薄的錢幣之一。無怪乎歷史學家孟森先生曾以「庸暗」來評價道光帝執政時的中國，竊以為，此兩字雖不中聽，但卻貼切。

道光皇帝像

咸豐重寶：晚清危局自此始

咸豐重寶

歷史學界有個詞，叫晚清。

這些年，這個詞越來越受到學界重視，被認為是研究中國與全球化、世界性與現代性關係的重要時代。但是，「晚清」卻不是一個好聽的詞彙，意味著大清國的基業搖搖欲墜，「晚」即「末」也，反映了清王朝江河日下、走向衰頹的歷史必然。

筆者認為，「晚清」之「晚」，應從咸豐皇帝說起。

自咸豐帝開始，因為鎮壓太平天國運動的需要，一批漢族知識份子如曾國藩、左宗棠、胡林翼、張之洞、李鴻章及其後的盛宣懷、唐廷樞等人，開始大量進入朝廷中樞機構與地方政府。與此同時，清廷開始進行「洋務運動」，這些漢族知識份子又成為這場現代化運動的主心骨。

清朝建立後，從來未曾忽略過漢族知識份子的重用，但與此同時的是，一批滿族貴族卻因為政權的建立，而疏於個人素質的提升。因此，到了咸豐年間，八旗、綠營基本上已經喪失了戰鬥力與治國參政的能力，漢族知識份子成為了晚清歷史舞臺的主力軍。

這當然是好事，見證了漢族知識份子的能力，也反映了多民族共同創造歷史的大歷史觀。但這從另一個側面也暴露出「晚

咸豐皇帝像

清」的歷史特徵：即對於滿族這個民族精神、文化的戕害。自道光以降，滿族貴族多半吸食鴉片或狎妓、酗酒，甚至盜賣家當以換來鴉片，早已失去了「馬背上的民族」這一彪悍的秉性，而是淪為了臥榻上吞雲吐霧的浪蕩公子。無怪乎一位歷史學家曾感歎：「亡清者，非革命黨也，乃滿（族貴族）也」。

這種令人惋惜、忿恨與不甘衰退，從咸豐始，一直延續到清朝覆滅。「八旗子弟」從曾經令人懼怕的金戈鐵馬，淪為了後人用來形容紈絝浪蕩破落戶的代名詞，這不但是一個王朝、時代的悲哀，也是滿族這個民族的無奈。

在這種語境下，滿族官員與漢族官員的矛盾進一步加深。漢族官員主張革新、改良、興洋務，除卻恭親王奕訢等少數改良派官員之外，大多數滿族貴族都是頑固守舊派。主張固守「祖宗成法」，對於舶來的商品、文化與思想可謂恨之入骨。甚至明裡暗裡對漢族洋務派官員指指點點，或是背後「打小報告」，他們逐漸構成了束縛整個晚清走出困局的最大障礙。

滿漢衝突爆發最直接的因素，就是咸豐年間的嚴重通貨膨脹，這是清朝走向衰亡的一個重要分水嶺。

前面已經說過，康熙年間，政府為了防止通貨膨脹，開始允許各省鑄幣，用來平衡省內通貨。這本是一個創舉，但到了咸豐年間，局勢發生逆轉，東南沿海戰事不斷，割地賠款是家常便飯，太平天國風起雲湧，白銀嘩嘩外流，國內稅賦難以為繼。而且，國內銅礦的銅都優先供給軍需。國內鑄幣的銅不但不夠用，而且原來的面額也因為通貨膨脹而貶值。滿族貴族、大理寺卿恒春提了一個方案：鑄造大錢「咸豐重寶」。

所謂大錢，就是比原來的錢要大一些，但是背後所標注的面額卻嚇死人。不但有「當十」而且還有「當五十」、「當百」、「當五百」、「當千」等五種，甚至用鐵和鉛來冒充銅，成為了全天下的大笑話。這樣濫發鈔票的貨幣政策雖然可以節省不少貴重金屬，但卻給中國社會帶來了深重的通脹災難。

這種做工粗糙，沒有絲毫審美價值的「咸豐重寶」，讓中國農村市場的米價大跌，使得咸豐一朝民不聊生，但卻大大促進了白銀的外流，構成了「寧與外邦，不給家奴」的真實寫照。分管糧稅的戶部侍郎王茂蔭先後向咸豐帝遞交了《條議鈔摺》與《再議鈔法摺》，意圖叫停大錢鑄造，改發行國家信用的紙鈔，採取強制性的「良幣驅逐劣幣」措施，進以平衡白銀外流這一問題。果不其然，這條摺子引起了滿族貴族的集體抗議。

王茂蔭無可奈何，只有向咸豐帝求饒。「請旨將臣交部嚴加議處，以謝天下」。當然，咸豐帝也沒有懲處王茂蔭，但大錢還在鑄造，僅咸豐一朝，中國經濟就從康乾盛世打下的老底子，跌落到了民不聊生的境地。而朝廷上的滿漢之爭還在持續，形成了蔓延晚清半個世紀的「黨爭」，這為今後戊戌變法的失敗、義和團運動的爆發打下了政治基礎。

「咸豐重寶」反映了咸豐年間的時代變革與政治亂象，是晚清中國社會的縮影。我有不少枚「咸豐重寶」，剛開始收藏古幣時，我總懷疑這樣粗糙的錢幣是後世仿造的贗品。但當我讀到這段歷史時，對於「咸豐重寶」的這種粗糙做工，亦不再懷疑了。

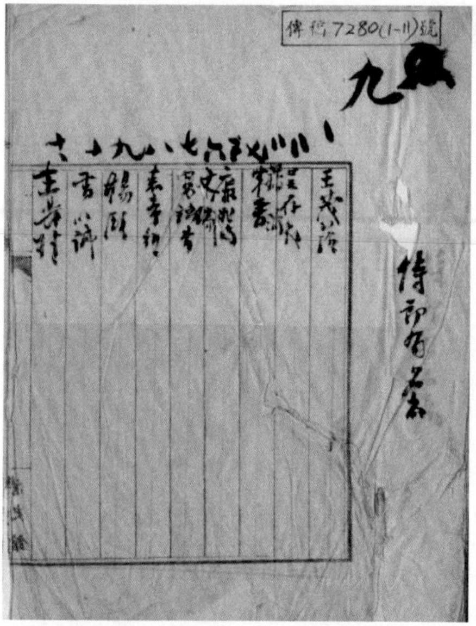

在清史館的侍郎列傳中，王茂蔭位列第一，儼然是晚清名臣之一。他被西方經濟學史界稱之為「中國傳統貨幣理論的後期的最傑出代表人物」，也是馬克思在《資本論》中唯一提到具體名姓的中國人

同治通寶

陝甘回民起義的背後

有一次，我參加了北卡廟嶺分校亞洲學系的一個交流活動，是一個小範圍的學術對話。與我對話的是一位南韓裔女老師，是系上年輕的講師。她問我，「作為一名歷史學者，你如何看待鴉片戰爭？」

這個問題很尖銳，我想了想，於是給了一個這樣的回答：

「我剛來美國時，專門留意了一下圖書館裡關於中國歷史研究的書。在你們西方人看來，鴉片戰爭是一場全球化的、偉大的戰爭。甚至還有白人歷史學家認為這是一場『光榮的戰爭』，作為一名中國人，我並不知道這場戰爭的『光榮』在哪裡。」

「鴉片戰爭對於中國的影響，不只是把中國拖入了半殖民地、半封建社會，這是眾所周知的。我個人認為，鴉片戰爭在當時最大的負面影響，就是瓦解了中國的農村經濟，導致物價飛漲，糧價下跌，田賦翻倍，進而使得大量農民失地之後流離失所。最終，釀成你們最不願意看到的義和團運動」。

我並非危言聳聽，「物價飛漲，糧價下跌，田賦翻倍」，這些都集中出現在同治年間，史書裡記載戰爭使中國農民、手工業者跌入「廢時失業」、「民窮財盡」的深淵。我們知道，清朝最鼎盛時期是康雍乾三朝，康熙外禦俄國於千里，簽下了《中俄尼布楚條約》，並使臺灣回歸中央政府；雍正「改土歸流」，實現了南方少數民族地區的穩定與發展；而乾隆皇帝平息大小和卓叛亂，收復了新疆，穩定了西北邊境。外交也好，內政也罷，康雍乾三朝都做得可圈可點。

但是自道光以降，局勢卻在悄悄起變化。西方列強不斷通過堅船利炮，在海防線上叩開中國的大門，咸豐年間英法聯軍又燒了圓明園。清政府幾乎將所有的兵力、資金全部投到了東南海防，但仍擋不住全球化時代的殖民列強。與此同時，北方卻嚴重空虛。隨著白銀的大量外流，租界打開，導致全國一片物價飛漲，通貨膨脹加劇，農耕文明遇到了土崩瓦解的危機。

在康雍乾三朝統治時，西北地方的回民對於中央政府的舉措是積極擁護的。在《清稗類鈔》中就有記載：「凡以回籍服官者，薦擢至三品，即須出教，以例得蒙賞喫肉，不能辭也」。這句話是什麼意思呢？就是如果有回族知識份子被朝廷提拔為三品官時，就不得再信伊斯蘭教了，因為這時要參加皇帝賞賜的酒肉宴席，而這又是不能推辭的。在「漢回一家」這樣積極的民族政策下，不少回族知識份子進入到國家政權中，擔任重要職務。

但在同治年間之後，國力衰落，社會矛盾加劇。隨著東南沿海成為國家財政的重大負擔之後，西北、華北地區成為了滿足沿海戰事的「錢袋子」。田賦漲了一倍半，而糧價卻大量下跌，許多農民不願種田，甚至情願「交卸農具」而外出乞討。而漢族的地主、團練與地方官員依然橫徵暴斂，不管當地回民死活。社會矛盾混雜著民族矛盾，相互推動不斷升級，陝甘回民大起義，一觸即發。

陝西、甘肅為代表的西北地方是回民聚居地，自古環境惡劣，生活艱苦。按照清朝一貫的策略，這樣的情況，同治皇帝理應採取「撫恤」的策略才是。但是晚清咸、同年間，太平天國運動風起雲湧，英法聯軍攻入北京，火燒圓明園，其父咸豐帝倉皇逃亡並病死在熱河。這樣的時代變局，堪稱「五千年從未有過」，被「垂簾聽政」的同治帝幾乎自顧不暇，哪裡還有心思來處理國內的民族矛盾？因此，他只有以最粗暴的「鎮壓」方式來解決問題，結果這種武斷的手段，幾乎釀成了將清王朝顛覆的大規模農民起義。

陝西巡撫譚廷襄曾對陝甘回民大起義有公正的評價，「雖實回民滋事，實由漢人有以激之也」。而負責督辦此事的陝甘總督左宗棠也認為，「陝回之禍由於漢回構怨已久，起釁之故實由漢民」。

同治通寶樣態輕薄，宛如風雨飄搖時的大清王朝。我們知道，陝甘回民起義的歷史背景是複雜的，但有一點可以肯定：當一個國家落後於全球化的大時代時，它所出現的問題都是相互聯繫的——包括民族問題、外交問題與經濟問題等等。最終，這些問題會變成社會變革的助推器，這就是「舊制度」與「大革命」之間的必然聯繫。

1875年，平定回民起義的左宗棠

光緒元寶

光緒的「幣制改革」

「讀錢記」寫到光緒年間，也算是快接近了尾聲。

我們知道，中國歷史的錢幣有過幾種形態。一種是原始社會的貝幣，即用貝殼代替貨幣，進行交易；到了奴隸社會，根據日常生活的農用器具如刀、鏟的樣子，鑄造出了刀幣、鏟幣（又名布幣），秦始皇統一六國之後，始鑄方孔圓幣的「半兩錢」，這也是「讀錢記」的開篇。這樣的方孔圓幣，在中國歷史上綿延了兩千多年。

終於，它們在光緒年間，要退出歷史舞臺了。

只是這種退出的樣態，有點悲壯。

晚清洋務運動愈演愈烈，到了光緒年間，西方文化在中國社會中已經佔據了相當的一席之地。戊戌變法雖然失敗，但改良時局、呼籲君主立憲的聲音不絕於耳。為了與「國際」接軌，一八九八年，光緒帝終於決定幣制改革，在全國推行英國機器鑄造的「銅元」和「銀元」，逐步替代流傳幾千年的方孔圓幣。當然，為了防止社會動盪，方孔圓幣也照常發行，只是數量大不如前。

為什麼光緒帝會進行幣制改革呢？

前面我們說過，咸豐朝做過一次荒唐的「幣制改革」，在

慈禧太后像

滿族貴族王公大臣的推動下，發行「咸豐重寶」大錢，導致銀價上漲，米價下跌，國庫空虛，民不聊生。到了咸豐九年（一八五九年），禍國殃民的「咸豐重寶」遭到全國人民的一致抵制。因此，同治年間又恢復小面值方孔圓幣制錢的使用。但是由於一系列不平等條約的簽訂與租界經濟的繁盛，大量白銀外流，國民經濟始終在崩潰的邊緣遊走，為了解決這一問題，福建、廣東兩省曾在鑄錢時減少銅的添加，鑄造「光緒通寶」小制錢，但這對於整個帝國的經濟危機來說，依然是杯水車薪，鑄了幾年後，不得已，相繼關閉了鑄錢爐。

如何平衡銀本位制下的貨幣流通，提高官方貨幣的購買力，進而緩和社會矛盾？這個問題不但困擾著光緒帝，也困擾著朝堂上所有的滿漢大臣。他們不得不開始考慮如何重新改革幣制，以實現這一目的。

二十世紀末，福建、廣東與江蘇三省又走到了幣制改革的前面。當代的地方官員認為，與其鑄小錢或粗劣的「重寶」，不如與國際接軌，鑄造精美的機鑄銅元。果然，精美的機鑄錢「光緒元寶」鑄成之後，在當地流通甚廣，民眾也相當認可。光緒帝遂下詔：「近來各省制錢缺少，不敷周轉，前經福建、廣東兩省鑄造銅元，輪廓精良，通行市肆，民間稱便。今日江蘇仿照辦理，亦極便利，並可杜私鑄私銷之弊。著沿江沿海各督撫籌款仿辦，即就各該省搭鑄通行，至京師制錢亦應照辦」。

這篇篇幅不長的聖旨，卻在中國經濟史上有著重要的地位。因為它意味著方孔圓幣即將退出中國歷史舞臺，中國將採取西方的標有面額的現代金屬鑄幣模式，與國際接軌。雖然這難以解決當時中國社會的通貨膨脹，但是這卻反映了中國社會在變革中緩慢前行的趨勢。

「幣制改革」是以「洋務運動」為主體的中國社會現代化運動的產物，也是西方工業文明、經濟制度在中國的投影。據不完全統計，光緒年間，全國各省鑄造的銅元、銀元累計百萬枚以上，在一定程度上減緩了白銀的外流，提高了貨幣的兌換率，也在客觀上減輕了人民群眾的經濟負擔。歷史地看，銅元對於製錢的替代，反映了中國的貨幣體系從古代進入到了現代，「面額」這一概念首次真正地引入到了中國，這是歷史的巨大進步。

值得一提的是，負責督辦這件事情的，恰是一代名臣張之洞。他既是「洋務運動」後期的代表人物，也是漢族知識份子的傑出代表。從這個意義上來說，張之洞不但是一位政治家，也是一位有著深謀遠慮的經濟學家——「銅元」這一新生事物一直沿用至今，即我們今天隨處可見的硬幣。

在光緒年間，除了幣制改革之外，也有許多其他可圈可點的現代變革，譬如廢除科舉考試，實行「預備立憲」，建立員警制度等等，這些都為後來中國社會的現代性進程提供了豐富而又切實的經驗，如果我們跳開單純的王朝歷史，而是進入到了中國社會的大歷史來看的話，這些都是有積極借鑒意義的。

此為一九一〇年德商青島馬克思・吉爾出版公司發行的光緒皇帝明信片

宣統通寶

不信漢，並不信滿

宣統是中國歷史上最後一個年號，看過長篇回憶錄《我的前半生》或電影《末代皇帝》的人，對於這個年號，應不陌生。一個幾歲的小孩子，被抱上了金鑾殿，皇位坐了剛滿三年，辛亥革命爆發，中國成為了亞洲第一個共和國。而這個小孩子，也在人生中經歷了張勳復辟、驅逐出宮、偽滿洲國等一系列變革之後，終於洗心革面，成為人民共和國的公民，並應邀成為全國政協委員。

「從皇帝到公民」，既是溥儀的轉變，也見證了整個中國現代史的風雲變幻。

但是宣統帝在位的三年裡，中國社會還是發生了不少變革的，準確地說，應該是大變革。無論是各地的「革命黨起事」，還是「皇族內閣」，實際上都反映了一種現代化的嘗試。尤其是後者，事實也證明了，「皇族內閣」的嘗試是失敗的，但是這並不意味著它沒有歷史價值，相反，對「皇族內閣」的研究，對於解讀清代尤其晚清民族政策、滿漢關係有著非常重要的研究意義。

我們知道，「西學為體，中學為用」是洋務運動以來，清王朝希望「師夷長技以制夷」的中心思想。但是可惜的是，經歷了洋務運動之後，中國的經濟、軍事確實有了現代化的影子，但在甲午海戰中，依然一觸即潰，淪為「三島倭奴」日本的手下敗將。對於朝野上下而言，這是一件「是可忍，孰不可忍」的事情。

因此，學習日本的「明治維新」成為了當時清王朝不少有識之士的主張。尤其是日本通過王政復古、廢藩置縣與內閣制一系列政治革新，迅速成為亞洲強國的經驗，為清王朝所欽羨。

早在光緒年間，清王朝就逐步實現了一系列的「立憲運動」。包括「五大臣出洋考察」、「下詔預備立憲」並頒布《憲法大綱》等等，到了宣統元年，各省諮議局開始選舉，資政院也開始「開院」，全國一片要求「開國會」之聲，一切有模有樣，看起來還像「那麼回事」。

這是英國人一九〇九年發行的宣統登基明信片，據此我們可以看到，當時的宣統皇帝，還是一個幼兒

到了一九一一年，也就是宣統三年，清政府決定裁撤軍機處，改設內閣，按照日本、德國的模式，來進行中國的立憲探索。從準備至實施，一共

僅六年時間。內閣學士文海與內閣中書王寶田就共同認為，中西風俗、國情不一樣，如果照搬照抄，必然會引起排異現象。對於「立憲」是否能救國家於危難，應從長計議。

裁撤軍機處之後，清廷慌不擇路地宣布了「內閣名單」，其中十三名大臣中，滿族九人，漢族四人，而且其中還有總理大臣、民政大臣、度支大臣、海軍大臣等七人實權者是皇親國戚，消息傳出後，舉國公憤。輿論稱其為「皇族內閣」，認為此內閣的「立憲」有名無實，與當年的軍機處無異。譬如《申報》就一針見血地指出，「此新內閣不過為舊日軍機處之化名耳」。

平心而論，這些官員也盡非顢頇無用之人，譬如司法大臣愛新覺羅．載昌是積極的立憲推行者。但清廷這樣的人事布局，卻在社會矛盾高度激烈的當時激起了共憤。這反映了，清廷到了歷史關頭，都保持著狹隘民族主義甚至「家天下」的思想，關鍵時機仍以「宗室」為主，不但排斥了漢族知識份子，甚至對滿族知識份子也是「謹慎使用」。這無疑失去了全國各階層的信任與認可。

御史胡思敬曾批評「皇族內閣」的虛偽：「其小人無知者，疑皇上以天下為一家之私物，不信漢，並不信滿，各懷一自外之私心，由是國家漸成孤立之勢」。在這樣的語境下，一大批滿族知識份子、官員與有識之士也都對宣統帝離心離德，認為這種「內閣」連康熙、乾隆年間的「滿漢一體」的內閣都不如。

皇族內閣合影

擔任「偽滿洲國執政」的溥儀

錯誤的民族政策與狹隘的民族觀，導致了「皇族內閣」的迅速破產。就在「皇族內閣」粉墨登場不久之後，武昌起義一聲槍響，清王朝走向了末路。起義軍攻城克地一路，「滿洲世僕望風而逃，棄城守如敝履，視朝命如弁髦」，可見清廷離心離德到了何種地步，

「不信漢，並不信滿」是「皇族內閣」的本質，也是晚清政局的一個特徵。晚清是漢族知識份子唱主角的時代，以李鴻章、左宗棠、張之洞、盛宣懷為代表的漢族官員，為延緩清政權的垮臺，確實殫精竭慮，做了不少貢獻。但是清廷的皇親國戚對他們並不信任，而且更有甚之，連滿族官員也受到保守派皇親國戚的排擠，這不得不說是清廷的悲哀。

我曾經有幸獲得一枚「宣統通寶」的機鑄錢，好端端的方孔被圖方便鑿成了圓孔，結果成了一枚看起來有些滑稽的貨幣，如當時的「皇族內閣」一般不倫不類。

中華民國開國紀念幣

「五族共和」開新面

辛亥革命一聲槍響，中華民國成立。中國告別了封建王朝，進入到了一個新的歷史時期。

這是亞洲第一個民主共和國，雖然成立得非常倉促，但卻有劃時代的意義。因為新的中華民國提出了「五族共和」的口號，這意味著中國作為一個多民族共和國，首次站在了世界的舞臺上。

一九一二年一月一日，孫中山發表《中華民國臨時大總統宣言書》，裡面有這樣一段：

「國家之本，在於人民。合漢、滿、蒙、回、藏諸地方為一國，即合漢、滿、蒙、回、藏諸族為一人。是曰民族之統一」。

這樣的論調，以前是從未有過的，包括孫中山自己。早年孫中山發動革命時，曾因為自身的階級侷限性一度提出過大漢族主義的口號「驅逐韃虜，恢復中華」。隨著自身革命閱歷的增長，孫中山不但不再主張這種狹隘的民族主義復仇口號，相反，在東京《民報》創刊周年慶祝大會上，還主動表示與這種錯誤的思想

國父孫中山先生

觀念決裂。他認為「民族主義，並非是遇著不同族的人便要排斥他」、「民族革命是要盡滅滿洲民族，這話大錯」。

「五族共和」是由孫中山提出的、全新的民族主義觀，深刻地反映了孫中山的政治思想，是歷史的進步，也是對晚清狹隘的民族主義觀的一次清算。意味著孫中山從狹隘的暴力革命與大漢族主義轉向了國家建設的「三民主義」，無疑是歷史的巨大進步。

我們知道，在中國的封建時代，並沒有「五族共和」一說，只有「華夷之辨」，中國的民族主義產生，既與人類學、人種學與民族學等現代科學傳入有著必然聯繫，也與西方列強的入侵有著密不可分的關係。因為英、法、美、日等列強的進入，使得中國人不再糾結於狹小的「民族」區分，而是作為中華民族這個整體，集體向列強發出「東方醒獅」的怒吼。

在這樣的政治理念上，中華民國政府破天荒地成立了「蒙藏事務局」（後更名為「蒙藏委員會」），相對於清代管理少數民族事務的「理藩院」而言，「蒙藏事務局」則在法理上與科學上更進一步，反映出了中華民國政府對於民族問題更加具有現代意識。

而且，蒙藏事務局剛一成立時，班子成員就體現出了「五族共和」的特點。其中包括蒙古族的「總裁」貢桑諾爾布、漢族的「署理副總裁」姚錫光與滿族的「副總裁」榮勳。雖然他們三位都是清廷的舊官僚出身，但是都是「五族共和」的擁護者。以「總裁」貢桑諾爾布為例，他做了十六年的「蒙藏事務局」的總裁，期間做了不少維護國家統一、民族團結的工作，不但身體力行團結蒙古族、藏族的佛教領袖，而且還在少數民族地區創辦了白話報，在基層民眾中宣傳「五族共和」的民族政策。

拙友劉大先博士對貢桑諾爾布的歷史功績有過專門的考證，早在一九二〇年代，貢桑諾爾布就在西單石虎胡同興辦了「北京蒙藏學校」，自任校長。期間，李大釗、鄧中夏、趙世炎等共產黨人曾在此學校授課，而烏蘭夫、李裕智等進步學生，也是該校的傑出校友。從這點來看，「蒙藏事務局」的歷史功績，理應被後世所銘記。

當然，相對於「五十六個民族」來說，「五族共和」顯然有其侷限性。但作為一個現代國家，這卻是對於自身民族的先進認識。中華民國成立後，孫中山一直在努力踐行「五族共和」的理念，並且對於清朝王室，一直採取優待政策。

在中華民國的國旗上，「五色旗」意味著「五族共和」。在政權初肇的一九一二年，民國政府發行了一套「開國紀念幣」，錢幣的正面就是「五色旗」。「五族共和」已經超越了簡單的民族學、政治學專有名詞的範疇，成為當時舉國上下念茲在茲的一個概念。

這裡有個值得一提的小插曲，頗為有趣。孫中山就任臨時大總統後，曾專程去了清廷

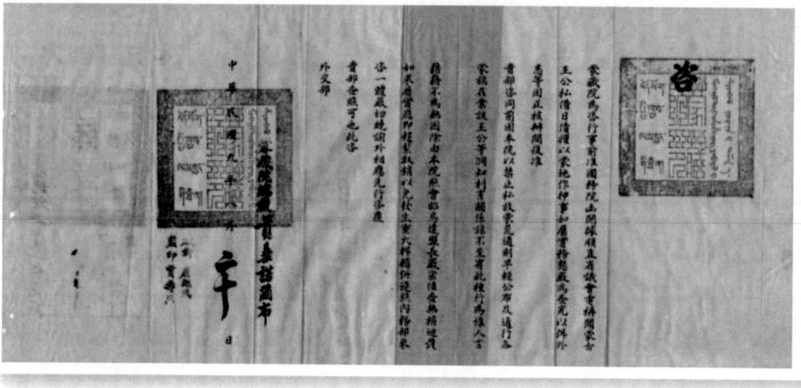

蒙藏委員會咨文

「攝政王」載灃家中，拜訪載灃。這讓載灃受寵若驚，而且孫中山還贈給載灃一張自己的照片，上面寫著。「醇親王惠存，孫文贈」。

據說，一九五一年載灃去世前，床頭書桌上一直擺放著這張照片。

代後記　掃雪烹茶為讀錢

各位親愛的讀者朋友，陪伴諸位一年半的「讀錢記」在這個美麗的寒冬，陪伴著二〇一四年的最後一場雪，終於連載結束了。

這個專欄幾乎與我的女兒韓識遠同時來到這個世界上，因此，我對這個專欄充滿了美好的感情。時至今日，我每讀到這些文章，都能夠想到這些文章的完稿地點：北京、武漢、宜昌、哈爾濱以及越南的西貢與美國的廟嶺、紐約、哥倫布斯等等。可以說是綿延千里，接續不斷。

熟悉我的人都知道，「讀錢記」承載著我年幼時的一段讀書記憶。當時剛從急性病毒性心肌炎的病患中走出，從小學二年級開始，休學長達五年。期間我為了休養身體，幾乎每日到市文物公司經理鄭海波先生那裡學習文物鑒定、碑拓裝裱等工作。海波先生不以我年幼笨拙，讓我從古錢入手，從華光普、賈文忠諸先生的青銅器、古錢鑒賞研究的著述讀起，這是我「讀錢」之始。

多年前《遼寧青年》雜誌曾向我約稿，我挑了好幾篇文章給他們備選，編輯唯獨相中了我談收藏古錢的〈一輩子的愛好〉。後來編輯告訴我，這篇文章毫不掩飾地提到了我對自己愛好的堅持，這讓他特別感動。大約三年前，《中國青年》雜誌的記者採訪我，竟然專門上網搜到這篇文章，並將第一段話寫進了人物稿中，我很惶恐，這段記憶，為什麼會有那麼多人關注？

我想，這大概是一種「堅持」的力量。

從九歲到二十九歲，人生從童年、少年、青年再到中年最寶貴的二十年，竟然可以堅持一個愛好而不「移情別戀」，這對於很多人來說，是難以做到的。幼年時讀《聖鬥士星矢》，青年時就改成了聽謝霆鋒，到了大學，很可能變成了看ＮＢＡ。如果人到中年，你還在堅持幼年時的愛好，很可能會被人當作不成熟——這尤其是中年男人的忌諱。世俗無法容忍一個年近不惑的男人手不釋卷地捧著一本《聖鬥士星矢》。

人在成長，我們不斷在拋棄曾經堅守過的東西，並不斷在否定著過去的自己，人越長大，拋棄的越多。尤其是愛好，能夠被一直堅守，這當然是一件相當幸福的事情。在社會發展飛快的二十一世紀，尤其如此。記得一位網路作家說，因為拋棄了太多，堅守的又太少，所以，「八〇後」們一直生活在從《將愛》到《何以笙簫默》的懷舊「淚點」中。

毋庸置疑，「讀錢」是唯一一個沒有被我拋棄的愛好，它陪伴我經歷了我的整個童年記憶，又和我一起度過我最痛苦的中學時代，並且在我十八歲之後迅速社會化的十年裡一直被小心翼翼地保存著，它是我成長的見證人。從這個角度來說，我應該虔誠地感謝這些穿越歷史斑駁歲月的古錢。

但毋庸諱言，這個愛好也是在不斷變化的。幼年時讀錢，通過「紹興通寶」讀到的是

《說岳全傳》裡的岳飛，在斑駁的「洪武通寶」裡，想到的是朱元璋與陳友諒，而機鑄的「光緒通寶」，則讓我聯想到了「洋務運動」晚期中華帝國的落日餘暉。小說裡的情節與人物，與古錢這種物證聯繫到了一起，確實能讓年少的我對人文、歷史有著更直觀的感悟。

從讀大學開始，我進入到文史哲研究領域。知悉錢幣所反映的，乃是一朝之經濟、文化、政治的體現。北宋經濟發達，《清明上河圖》之景觀可見一斑，因此北宋鑄幣多厚重精美，而明代處於「玩物時代」的資本主義萌芽時期，其錢幣輕薄細膩，猶如晚明仕女之風貌。

這幾年做科學史研究，竟然發現古錢還有別樣的文化意義。譬如不同時代的礦藏量、冶煉技術、鑄造技術在不同時期的古幣上留下了當時科學技術的烙印，一位同行告訴我，這是科學史非常重要的研究材料。因為自己工作的緣故，現在再看多年前收藏的那些古錢，眼光也開始更加專業起來。

「讀錢記」的壓軸之篇，拉拉雜雜竟也寫了這麼多。總而言之，不同時期「讀錢」，總有不同的感受與認識。而「讀錢記」是關於這個愛好的集中反映，是我即將「人到中年」時對自己童年、少年以及青年時所堅守的個人愛好而進行的一次檢省。衷心感謝《中國民族報》「文化週刊」主編肖靜芳女士與上海書店出版社編輯楊柏偉先生，以及親愛的讀者諸君，讓我有了這次野人獻曝的機會，雖是敝帚，但因為你們的珍視，也變得有趣起來。

冬天是掃雪烹茶的季節，與之相伴的「讀錢」，是一種讓歷史變得溫暖的方式。

農曆乙未新年的鐘聲即將敲響，祝大家新年快樂。

Do歷史60　PC0583

讀錢記

——誰把歷史藏在錢幣裡

作　　者／韓　晗
責任編輯／杜國維
圖文排版／楊家齊
封面設計／蔡瑋筠

出版策劃／獨立作家
發 行 人／宋政坤
法律顧問／毛國樑　律師
製作發行／秀威資訊科技股份有限公司
地址：114 台北市內湖區瑞光路76巷65號1樓
電話：+886-2-2796-3638　傳真：+886-2-2796-1377
服務信箱：service@showwe.com.tw
展售門市／國家書店【松江門市】
地址：104 台北市中山區松江路209號1樓
電話：+886-2-2518-0207　傳真：+886-2-2518-0778
網路訂購／秀威網路書店：https://store.showwe.tw
國家網路書店：https://www.govbooks.com.tw

出版日期／2016年3月　BOD一版　**定價**／350元

|獨立|作家|
Independent Author
寫自己的故事，唱自己的歌

讀錢記：誰把歷史藏在錢幣裡 / 韓晗著. -- 一版. -- 臺北市：獨立作家, 2016.03
面； 公分. -- (Do歷史 ; 60)
BOD版
ISBN 978-986-92704-5-8(平裝)

1. 貨幣史 2. 中國

561.092 105000494

國家圖書館出版品預行編目

讀者回函卡

感謝您購買本書，為提升服務品質，請填妥以下資料，將讀者回函卡直接寄回或傳真本公司，收到您的寶貴意見後，我們會收藏記錄及檢討，謝謝！如您需要了解本公司最新出版書目、購書優惠或企劃活動，歡迎您上網查詢或下載相關資料：http:// www.showwe.com.tw

您購買的書名：________________________________

出生日期：________年________月________日

學歷：□高中（含）以下　□大專　□研究所（含）以上

職業：□製造業　□金融業　□資訊業　□軍警　□傳播業　□自由業

□服務業　□公務員　□教職　□學生　□家管　□其它______

購書地點：□網路書店　□實體書店　□書展　□郵購　□贈閱　□其他

您從何得知本書的消息？

□網路書店　□實體書店　□網路搜尋　□電子報　□書訊　□雜誌

□傳播媒體　□親友推薦　□網站推薦　□部落格　□其他__________

您對本書的評價：（請填代號　1.非常滿意　2.滿意　3.尚可　4.再改進）

封面設計____　版面編排____　內容____　文／譯筆____　價格____

讀完書後您覺得：

□很有收穫　□有收穫　□收穫不多　□沒收穫

對我們的建議：________________________________

____

____

____

請貼
郵票

11466
台北市內湖區瑞光路 76 巷 65 號 1 樓
獨立作家讀者服務部 收

（請沿線對折寄回，謝謝！）

姓　　名：＿＿＿＿＿＿＿＿＿＿　年齡：＿＿＿＿　性別：□女　□男

郵遞區號：□□□□□

地　　址：＿＿＿＿＿＿＿＿＿＿＿＿＿＿＿＿＿＿＿＿＿＿＿＿

聯絡電話：(日)＿＿＿＿＿＿＿＿＿＿＿＿(夜)＿＿＿＿＿＿＿＿＿＿＿＿

E-mail：＿＿＿＿＿＿＿＿＿＿＿＿＿＿＿＿＿＿＿＿＿＿＿＿